한 살,

우리 아이 어떻게 키울까?

한 살,
우리 아이 어떻게 키울까?

오사카보육연구소 씀 | 이학선 옮김

보리

우리 보육을 비추어 볼 성실한 이웃의 거울

"토닥토닥 해 줘." 낮잠을 자려고 눈을 감고 누워 있던 한 녀석이 내
손을 붙잡고 졸랐다. 그러자 나란히 누워 있던 아이들이 여기저기에서
"나도 토닥토닥." "나도 나도." 아우성들이다. 20년 전, 일본의 한 어린
이집에서 일하면서 연구를 할 때 거의 날마다 낮잠 시간에 겪은 일이다.
오른손, 왼손으로 양쪽에 있는 한 녀석씩 토닥거려 주자 그 옆에 있는
아이들이 자기도 해 달라고 한다. 한 손으로 두 아이씩 번갈아 토닥거리
고 있자니 앞뒤 줄 아이들도 반쯤 실눈을 뜨고 "토닥토닥." "토닥토닥."
하고 속삭인다. 문득 천수보살상에 달려 있는 천 개나 되는 손이 떠올랐
다. 그 이상하도록 많은 손들이 부러웠다.

어린이집에서 여러 아이들을 함께 키우는 일은 자기 집에서 아이 한
둘을 돌보는 것과는 아주 다른 일이다. 그러나 어린이집은 한 집 한 집
에서 아이를 키우는 것보다 아이들을 더 잘 돌보고 키울 수 있는 곳이기
도 하다. 사회와 떨어진 곳에서 한 어머니가 한두 아이를 종일 돌보는
것보다 두세 어른들이 여러 아이를 함께 돌보면 아이들을 더욱 밝고 건
강하게 키울 수도 있다. 내가 일한 일본 어린이집에서는 늘 웃음소리가
그치지 않았고, 경험 많은 교사가 새내기 교사들을 늘 격려하고 안심시

켜 주었다. 그 때 널리 쓰고 있던 일회용 종이 기저귀가 아기들 피부에
도 안 좋고 환경 문제를 일으킨다는 사실을 알고서는 어린이집에서부터
면 기저귀 쓰는 운동을 펼치기도 했다.

어린이집은 아이들이 먹고, 입고, 자고, 놀고, 멍하니 앉아 있고, 골똘
하게 생각하고, 또는 그냥 돌아다니면서 '삶의 방식(문화)'을 익히는 곳
이다. 남자인 내가 어린이집에 갔을 때, 선생님들이 반가워하며 동네 목
욕탕에 아이들을 데리고 가 달라고 했다. 그 동안 여탕만 다녔는데 남탕
도 구경시켜 주고 싶다는 것이다. 아이들은 물론 아주 흥분하고 좋아했
다. 오랜만에 동네 남탕이 시끄러웠지만, 그것도 지역 어린이들의 존재
를 주민들에게 알리는 계기가 되므로 중요하다고 했다.

한국 사회에서 1980년대는 '보육'이란 개념조차 억압되었다. 개인 발
달과 가정 육아를 중요하게 생각하는 영미식 유아 교육관이 지배하고
있었고, '보육'은 '탁아'라고 하여 식구들과 어머니한테서 어린아이들
을 떼어 내려 한다고 의심을 받았다. 그러나 이 시기에 일본에서는 집단
보육과 사회 성장을 중시하는 사회주의권에서 연구, 실천한 사례를 소
개하는 출판물도 많이 나오고, 그러한 보육 운동을 실천하는 곳도 많이
있었다.

왜 지금 우리는 20년 전에 일본에서 만든 보육 책을 읽는가? 이 책 속
에 바로 지금 한국 보육 현장에 필요한 진지한 연구와 치밀한 기록과 보
육 운동의 열정이 녹아 있기 때문이다. 1980년대 일본 사회는 여성 노동
력을 쓰기 위해 보육 예산을 늘리고, 여전히 강한 가부장 가족 문화 속
에서도 어린이집을 늘려 갔다. 바로 오늘의 한국 사회를 떠올리게 한다.
이 책은 그 때 일본 보육 현장에서 어린아이들이 자라는 것을 어떻게 뒷
받침해야 할 것인가를 진지하게 고민하며 만든 것이다. 우리보다 한 세
대 전에 사회 보육 제도를 세운, 일본 보육 운동의 여러 실천 경험과 연
구의 결정체라고도 할 수 있다.

이 책은 다른 어떤 보육 책보다 교사와 부모가 서로 도와 아이를 돌보는 것에 대해 자세하게 다루었다. 또한 어린이집 안에서 아이들과 함께하는 일상 생활을 언제나 새롭게 관찰하고 기록하는 연구자로서, 그리고 부모들과 만나고 이야기를 나누면서 바람직한 육아 문화를 이끌어 가는 활동가로서 보육 교사가 해야 할 일을 그리고 있다.

물론 하루하루 새로운 지식과 정보가 넘쳐나는 오늘날, 한 세대 전에 다른 사회에서 실천한 육아법을 읽는다는 것은 불안한 일이다. 그런 점에서 이 책은 교과서가 아니라 참고서로 읽어야 한다. 꼼꼼히 읽되 거리를 두고 보아야 한다. 시대 차이만 아니라 문화 차이도 늘 생각하면서 읽어야 한다. 예를 들어, 일본의 기후와 주거 환경에서 비롯된 생활 습관은 깨끗한 몸과 위생을 강조하는 것으로 나타나고, 보육 현장에서는 똥오줌 가리는 훈련을 빨리 하거나, 옷을 자주 갈아입히거나, 추위를 이기는 피부 단련법을 열심히 고민하거나 하는 것으로 나타난다. '남에 대한 배려'나 '집단 만들기' 같은 섬세한 훈련도 집단주의 일본 문화와 연결된 보육 방식이다. 우리는 그러한 문화 특성을 배워야 할 것이 아니라, 우리 자신은 어떻게 하고 있는지, 또는 어떻게 해야 하는지를 돌이켜보아야 한다. 다시 말하면 우리 나름대로 보육 방법을 정리하고 만들어 가기 위해 토론하는 출발점으로 삼아야 한다는 것이다.

이 책은 치밀한 관찰 기록과 섬세한 글쓰기, 집단의 지식 수렴 방식 같은 일본 문화의 특질을 잘 드러내어 만든 책이다. 다른 문화에서는 찾아보기 힘들 만큼 정말 '자세한' 집단 육아법 교과서다. 우리 사회에서는 아직 제대로 경험하지 못한 한 살 어린이 보육에 대해서도 눈에 보일 듯이 그리고 있다. 허둥지둥 필요한 부분만 찾아 읽기보다는 먼저 쭉 한번 진지하게 읽어 보기를 권한다. 사람을 키우는 일은 기나긴 삶과 성장 과정을 생각한 문화적 맥락 속에서 이루어지기 때문이다.

이 책을 번역한 이학선 씨는 과천에 있는 공동육아 어린이집에서 아이들에게 옛날 이야기를 들려주는 '이야기 할머니'로 활동하고 있다. 늘 만나고 있는 어린이집의 교사와 부모들이 일본에서 실천한 보육 내용을 읽어 보았으면 좋겠다고 생각하여 10년 전부터 이 책들을 번역해 왔다. 모두 여섯 권이나 되는 전집을 대학 공책에 볼펜으로 꾹꾹 눌러써 가면서 전부 번역해 내었다. 한 할머니의 노력과 시장 논리를 넘어선 보리 출판사의 결단으로, 척박한 우리 보육 현장에 아주 구체적인 보육 방법론을 소개할 수 있게 된 것을 감사드린다.

이 책을 만드는 데 참여한 일본 보육 교사와 연구자 들은 서구 보육 이론과 방법론을 공부하고 참고하면서도 자신들이 만드는 이 책이 "빌려 온 수입품이 되지 않도록, 우리가 실천한 것을 우리 눈으로, 귀로, 손으로 함께 확인해 나가자."고 되풀이해서 다짐했다고 한다. 이 책이 한국 보육 현장에서 우리가 경험한 것을 우리 스스로 책으로 만들어 나가는 디딤돌이 되기를 바란다.

2007년 7월

정병호(한양대학교 교수, 공동육아와 공동체교육 공동 대표)

책을 펴내면서

아이가 태어나는 것

아이가 태어나는 것은 세상에서 가장 감동 깊은 사건입니다. 태어난 아이는 날마다 새로운 몸짓과 표정, 새로운 감정과 말을 익히고, 사람다운 능력과 자질을 배우고 익히며 창조해 갑니다. 부모들은 아이가 자라면 그 아이가 태어날 때 자신이 얼마나 불안해하고 긴장하며, 또 얼마나 기뻐하고 감동했는지 이야기할 것입니다.

오늘날 아이의 세계

아이는 태어난 지 석 달이 지나면 얼러 줄 때 소리 내어 웃습니다. 다섯 달째 들어가면 낯익은 사람을 알아보고 방긋 웃기도 합니다. 아홉 달째는 힘차고 개성 넘치는 소리로 엄마, 아빠 같은 옹알이를 합니다. 그러다 첫돌 무렵에는 두 다리로 일어서고, 걸음마를 합니다. 사람으로 살아가면서 꼭 거쳐 가야 하는 첫 번째 문을 지나가는 것이지요. 그러면서 앞 시기와 뚜렷하게 나뉠 만큼 시야와 활동 범위를 넓혀 갑니다. 또 부모에게 보호받고 기대던 데서 조금씩 벗어나 한 발 한 발 자립해 나가고, 자기 세계를 넓혀 갑니다.

그러나 아이가 한 발 한 발 자립해 간다고 해서 부모가 아이를 편하게 키울 수 있는 것만은 아닙니다. 아이가 조금씩 자립하면 할수록, 아이의 세계가 넓어지면 넓어질수록 부모는 한결 책임이 무거워집니다. 더욱 복잡하면서도 여러 방법으로 아이를 보살펴야 하고, 마음써야 할 부분도 늘어납니다. 아이가 부모에게 '보호받고 기대던 관계'도 새로운 모습을 띠어 때로는 부모 힘만으로는 어쩔 수 없는 일이 생깁니다. 부모들은 아이들이 자라면 이 시기에 자신이 어떤 일을 겪고, 얼마나 마음고생을 했는지 예를 들어 가며 이야기할 것입니다.

부모가 아이를 키우는 방법은 지난날과 오늘날에 걸쳐 셀 수 없이 많이 이어져 왔습니다. 이것이 쌓이고 쌓여 '아이 키우는 슬기'가 되고, 우리가 살아가는 데 크나큰 유산이 되고 있습니다. 그러나 '아이 키우는 슬기'는 개인에게서 개인에게로 이어져 왔기 때문에 오늘날 부모들이 유아기 아이를 키우는 데 도움이 많이 못 됩니다.

오늘날은 격동의 시대로 배가 지도 없이 바다를 떠다니는 것처럼 모든 게 확실하지 않다고 합니다. 위기에 빠진 시대를 반영하는 말이겠지요. 아이를 돌보고 키우는 분야에서도 그 영향을 받아 여러 가지 어렵고 힘든 부분들이 나타나고 있습니다. 아이들 세계도 폭넓게 바뀌어 가고 있습니다. 복잡한 원인들이 뒤엉켜 아이들을 둘러싼 사람 관계는 엷어지고, 집단은 흩어지고, 연대감은 약해지고 있습니다. 또 식생활도 바람직하지 않게 바뀌어 가고, 지역과 집단마다 놀이 방법이 빈약해지고, 상품화한 퇴폐 문화가 넘쳐나 아이들 감성에 영향을 주고, 어린이 세계를 무너뜨리고 있습니다. 유아기에는 인격을 갖추는 바탕을 만들어야 하는데, 이 시기부터 어린이 세대는 허물어지고 있습니다.

오늘날 어린이 세계를 풍요롭게 하려면 단순히 '아이 키우는 슬기'를 이어받는 데서만 그치지 않아야 합니다. 아이를 둘러싼 집단과 환경 속에서, 아이가 살아가면서 발달하는 모습을 더욱 정확하고 뚜렷하게 잡아 내야 합니다. 그리고 아이가 발달하는 것을 도우려면 과학에 바탕을 두고 아이를 키워야 합니다.

과학에 바탕을 두고 아이 키우기

과학에 바탕을 두고 아이를 키우려면 부모들이 저마다 실천한 것을 쌓아 가는 것만으로 그쳐서는 안 됩니다. 수많은 경험에서 나온 아이 키우는 슬기가 과학에 바탕을 두고 아이를 키우는 힘으로 발전하려면 준비를 해야 합니다. 아이를 키우는 일은 어머니가 하는 일이며 개인이 책임져야 할 일이라고 생각하는 데서 벗어나, 사회가 함께 책임지고 펼쳐 나가야 할 일이라고 생각해야 합니다. 다시 말해, 사회에서 아이를 돌보고 키워야 합니다.

사회에서 아이를 돌보고 키우기

사회에서 아이를 돌보고 키우는 범위는 맞벌이하는 부모들과 앞으로 맞벌이를 해야 하는 부모들이 절실하게 운동을 펼치면서 넓어졌습니다. 사회에서 아이를 돌보고 키우는 운동이 발전하면서 아이 키우는 분야에서 함께하거나, 나누어 해야 할 일이 생겼습니다. 무엇보다도 집단 교육을 맡는 전문 교사를 많이 키워 냈습니다. 이것은 아이들을 날마다 있는 그대로 관찰하고, 맞벌이 부모가 바라는 대로 아이들을 성장 과정에 맞춰 개성 넘치고 사람다운 모습으로 키우려고 실천하는 교사가 많이 생겨났다는 뜻입니다.

부모들이 저마다 아이를 키우면서 쌓아올린 슬기를 바탕 삼아 집단에서 아이를 돌보고 키운 실천이 쌓이고, 이것은 '과학에 바탕을 두고 아이를 키우는' 밑바탕이 되었습니다. 더구나 맞벌이 부모들은 아이를 집단 전문 교사에게 맡겨 키우면 웬만큼 거리를 두고 자기 아이를 살펴볼 수 있다는 것을 깨달았습니다. 또한 교사에게 지도와 도움을 받으며 집단 속에서 자라는 아이들을 보면서, 아이들을 돌보고 키우는 일은 아이들이 생존하고 성장하는 권리를 보장하는 일이라는 것도 깨달았습니다. 그리하여 맞벌이 부모들이 오늘날 아이들에게 모자라는 것이 무엇인지, 아이를 왜 사회에서 돌보고 키워야 하는지를 주장하게 되었고, 스스로 짊어지던 책임도 개인으로나 공동으로 이루어 내려고 노력해 왔습니다.

부모들이 아이를 돌보고 키우는 것을 자신의 권리로 여기고, 부모와 교사가 위험한 현실에서 아이들을 지키려는 운동을 함께 펼쳐 나간 것도, 과학에 바탕을 두고 아이를 키우는 운동을 발전시키는 힘이 되었습니다. 또한 사회에서 아이를 돌보고 키우는 일은 보육 실천, 보육 시설, 보육 조건에 관계하는 보육학자, 심리학자, 교육학자뿐만 아니라 의사, 건축가, 법률가, 경제학자, 영양사, 조리사와 체육, 미술, 음악, 문화 분야의 전문가를 많이 낳았고, 과학에 바탕을 두고 아이를 키우는 일을 풍성하게 만들었습니다.

이러한 일들이 과학에 바탕을 두고 아이 키우는 일을 발전시켜 가는 바탕이며, 여러 분야의 전문가들은 아이를 한결 차원 높게 돌보고 키우려고 크게 움직이고 있습니다. 오사카 보육 운동이 국제 어린이의 해 (1979년)를 기념하여 오사카보육연구소를 세운 것도, 이와 같이 객관화한 관점과 실천 속에서 나온 요구와 주장에 발맞추려고 한 것입니다.

오사카 보육 운동

오사카에서는 1970년부터 보육 학교를 중심으로 학습 운동을 펼쳐 왔습니다. 보육 학교는 1984년 7월까지 강좌를 157회 열었는데, 여기에는 모두 2만 명 남짓한 교사와 부모들이 참가했습니다. 이 학습 운동은 나이에 꼭 맞는 보육을 중심 내용으로 삼고 있습니다. 교사와 부모들이 이제껏 저마다 절실하게 필요해서 실천해 온 경험을 나누고, 분석하고, 연구자가 정리해 가는 형태로 공부를 해 왔습니다. 이 학습 운동은 실천

사례를 아주 많이 모았습니다.

그 동안 재단법인 오사카보육운동센터(오사카보육운동연락회, 오사카 아동보육연락협의회, 오사카보육문제연구소)는 1983년에 10주년을 맞이 했습니다. 오사카 보육 운동을 중심에서 끌고 가는 오사카보육운동연락 회는 1984년에 20주년이 되었습니다. 이를 기념하여 오사카보육연구소 에서 그 동안 공부하면서 모아 온 내용을 묶어 어린이 세계를 풍성하게 하기 위해 이 책을 펴냈습니다.

국제 어린이의 해를 기념하여 오사카 보육 운동 단체들이 세운 오사 카보육연구소는 현재 일흔 명이나 되는 연구원들이 참가하고 있으며, 부회 활동과 연구위원회 활동을 하고 있습니다. 그러면서 오사카 여러 지역에서 쌓아 온 보육 실천 경험과 그에 따르는 과제를 검토, 분석하여 그 가운데 몇 가지를 책으로 펴냈습니다.

이 책의 짜임

우리가 이 책을 만들 때는 지금 이 책에서 바라는 것이 무엇인지 설명 하는 것부터 했습니다. 오늘날 아이를 돌보고 키우는 활동에는 여러 경 향들이 있습니다. 첫째, 아이의 발달을 강조하면서, 발달의 주체인 아이 의 생활, 생각, 관심, 능력을 무시하고 무조건 '발달 과제'를 주장하는 관리주의와 훈련주의 경향입니다. 둘째, 위와 반대로 아이의 자주성을 중요하게 생각하는 경향입니다. 이는 아이가 발달하는 데 토대가 되는 것과 문화 현상에서 과제를 찾아 내려고 하지 않고 교사가 그저 환경과 조건을 준비하여 돕기만 하고, 지도도 계획도 하지 않는 자유주의 경향 입니다. 셋째, 자유주의 경향에서 나온 생각인데, 아이에게 나타나는 문 제를 나이별 집단을 없애야만 해결할 수 있다고 생각하는 경향입니다. 여기에서는 집단 보육을 할 때 나이에 따라 반을 나누지 않고, 아이에게 활동을 자유롭게 하면서 하루를 보내게 하는 문제도 나타나고 있습니다. 넷째, 아이의 발달 과정을 무시하고 젖먹이 시기부터 영어나 한자 같은 외국어를 가르쳐야 지적 능력이 발달한다고 생각하는 조기 교육 경향입니다.

이러한 경향들은 저마다 넘어서야 할 문제들을 안고 있습니다. 우리는 이런 문제들을 넘어서기 위해서 단순히 이론에 담긴 문제뿐만 아니라 실천에 담긴 문제를 밝혀 나가야 한다고 생각했습니다. 현장에 따라 아이를 돌보고 키우는 조건이 다릅니다. 교사 한 사람 한 사람은 저마다 다른 현장에서 여러 조건을 생각하면서 어린이를 돌보고 키워야 합니다. 그래서 우리는 교사들이 저마다 자기 자리에서 실천한 것을 되돌아보고 그것을 주인 정신으로 발전시켜 나갈 수 있도록 보육 원리와 원칙을 이 책에서 보여 주어야 한다고 생각했습니다. 또한 이 책은 부모, 더구나 맞벌이 부모가 아이를 키우는 데 필요한 기본 지식을 풍부하게 갖추어 가는 데 도움이 되어야 한다고 생각했습니다. 그래서 다음과 같은 관점을 세웠습니다. 이러한 것들은 이 책에 나타나는 특징입니다.

이 책의 특징

첫째, 이 책은 나이마다 한 권씩 편집하여 한 살부터 여섯 살까지를 다루었습니다. 그러나 다음 나이에 계속 실천을 이어 갈 수 있도록, 권마다 다음 나이를 내다보며 글을 썼습니다. 또한 내용이 겹치거나, 그 나이에 해야 할 과제가 흐려지지 않게 하려고 나이마다 해야 할 과제와, 그 나이에서 다음 나이로 이어지는 시기에 해야 할 과제도 또렷하게 보이도록 편집했습니다. 그리고 유아기의 보육과, 학교 교육으로 이어지는 활동도 중요하게 다루었습니다. 권마다 계속해서 다음 나이를 내다보며 글을 쓴 것도 이 때문입니다.

둘째, 이를 위해서 편집 회의에서는 나이에 따른 발달 과제와 보육 과제 표를 간결하게 정리하여 '어린이 세계를 풍성하게'라는 표를 만들었습니다. 권마다 1장 뒷부분에 붙인 이 표는 편집 회의를 몇 번이나 하고, 나이별, 항목별 모임에서 토론하고, 각 권 책임자로 이루어진 편집 회의에서 다시 토론하여 간결하게 정리한 것입니다. 한 살부터 여섯 살까지 표를 만들어 연구자와 교사가 보기 쉽게 하고, 가로세로 이쪽 저쪽을 관련시켜 긴 시간에 걸쳐 내용을 고쳐 가면서 만들었습니다. 물론 이 표는 이것으로 완결된 것은 아닙니다. 기계처럼 끼워 맞추어야 할 것도 아닙니다. 실천해 보고 검증하면서, 실제에 맞게 한결 다듬고 완성해 나가야 합니다. 그러나 실천으로 검토하고 연구한다고 할 때 이 표는 아이를 돌보고 키우는 활동을 발전시키는 데 분명 큰 도움이 될 것입니다. 표는 간결하게 만들었지만, 이것을 기본으로 하여 책 내용을 자세하게 썼습니다. 책 전체를 읽으면 이 표를 바탕으로 해서 실천해야 할 내용이 자세하게 나타나 있습니다. 이러한 관점에서 권마다 나이별 중점 과제를 기본으로 하면서 장을 구성했습니다.

셋째, 표에도 잘 나타나 있듯이 먼저 나이마다 핵심이 되는 발달 과제를 실천 사례로 밝혀 놓았습니다. 그러나 가장 중점을 둔 것은 아이마다 발달 과제를 이룰 수 있게 아이들이 주인이 되어 활동하는 내용을 담은 부분입니다. 그 밖에 단계마다 교사가 실천해야 할 과제, 말하자면 교사가 아이를 돌보고 키울 때 아이를 소중하게 여기는 활동이 무엇인지도 밝히고 있습니다. 아이의 발달 과제, 아이가 주인이 되는 활동, 교사의 보육 과제, 이 세 가지를 서로 연결시켜 실천해야 할 내용과 구조를 뚜렷하게 밝혔습니다.

이 책은 오사카 여러 지역에서 널리 실천하고 있는 보육 내용을 바탕으로 하고, 오사카보육연구소에서 연구한 성과를 덧붙여서 만들었습니다. 함께 토의하고 연구해서 나온 결과입니다. 쓴 사람은 교사, 부모, 연구자 들로 모두 예순 명이 넘으며, 토론에 참가한 사람들은 그 몇 배나 됩니다. 모자라는 곳이 있기도 하지만, 아직은 역사가 짧은 집단 보육에서 기본 목표로 삼아야 할 것을 뚜렷이 보여 주고 있습니다.

이 책에는 대부분 실천해 본 내용과 사례가 나오기 때문에 부모나 교사가 아이를 키울 때 실제로 도움이 되는 내용이 많이 들어 있습니다. 그러나 앞으로도 교사나 부모들이 이 책을 읽고 검토하고 비판하면서 점점 내용을 풍성하게 만들어 가야 합니다. 오사카보육연구소는 이 운동을 해야 한다는 것을 일러 주었는데, 그 곳에서 이 책을 책임지고 편집하여 정말 기쁩니다. 유아기는 한 사람의 인생에서 중요한 출발점입니다. 많은 사람들이 이 책을 지지해 주면 좋겠습니다.

1984년 8월
오사카보육연구소
다카하마 스케지, 아키바 히데노리, 요고다 마사코

차례

2장 | 한 살 어린이 보육 계획

3장 | 한 살 어린이를 돌볼 때

4장 ¦ 어린이집 교사와 부모가 할 일

5장 | 궁금해요

일러두기

■ 이 책은 1984년에 일본에서 처음 나왔습니다. 그래서 지금 우리 현실과
  조금 다른 부분이 있습니다.
■ 이 책에 나오는 한 살은 태어나서부터 12개월까지이고, 어린이 반 1년은
  일본 새 학기가 시작하는 4월부터 다음 해 3월까지입니다.

1

한 살, 보호해야 할 존재

태어나서 처음 맞는 중요한 시기

사람은 젖먹이 때를 머릿속에서 떠올릴 수가 없습니다. 사람이 생각을 하려면 말을 배워야 하는데, 젖먹이 시기에는 말을 아직 익히지 않았기 때문입니다. 그러므로 한 살 무렵에는 교사가 아무리 열심히 아이를 돌봐도 아이는 교사의 이름과 얼굴을 기억하지 못합니다. 앞으로 나아가며 살아가는 아이들은 젖먹이 때 자기를 보살펴 준 교사의 얼굴 같은 것은 완전히 잊고 자랍니다.

그렇다고 한 살 어린이를 돌보는 게 허무하다고 성급하게 생각하는 것은 지나칩니다. 아이가 기억할 수는 없어도 아이가 발달해 가는 모습 속에 교사가 노력한 흔적이 또렷하게 새겨지기 때문입니다. 태어나서 처음 맞는 시기인 한 살 시기는 아이가 발달하는 데 정말로 중요한 일 년이라고 할 수 있습니다.

포르트만은 《사람은 어디까지가 동물인가》에서 사람이 태어나는 것을 '생리적 조산'이라 하고, 아이가 발달하는 데 젖먹이 때가 얼마나 중요하며, 사람은 얼마나 풍요롭게 발달할 수 있는지를 밝혀 놓았습니다.

쥐나 고양이와 같은 하등 포유동물은 임신 기간도 짧고, 한 번에 새끼를 많이 낳습니다. 하지만 그 새끼들은 부모도 닮지 않고, 다른 존재에게 기대야만 살아갈 수 있어서 부모가 돌보아 주어야만 살아갈 수 있습니다. 이에 견주어 원숭이와 말 같은 고등 포유동물은 임신 기간도 길며, 한 번에 새끼를 조금만 낳습니다. 그리고 태어난 새끼들은 부모와 많이 닮아 있고, 능력도 많습니다. 예를 들면, 원숭이 새끼는 태어나자마자 부모 등에 기어오르고, 매달린다고 합니다.

그런데 원숭이보다도 더욱 고등 동물이고 더 진화한 사람은 임신 기간도 길고 자식도 적게 낳지만, 그 아이는 원숭이 새끼보다 훨씬 더 능력 없이 태어납니다. 이것은 사람의 뇌가 너무 무거워 엄마 자궁 속에서 더 자랄 수 없기 때문이라고 합니다. 뇌가 무거운데도 사람의 아이는 다른 어떤 동물보다도 완성되지 않은 상태로 태어나는 것입니다. 이것을 포르트만은 '생리적 조산'이라고 하고, 태어난 뒤 맨 처음 일 년을 '자궁 밖의 어린 시기'라고 이름 붙였습니다.

사람의 뇌가 다른 어떤 동물보다도 완성되지 않은 상태로 태어나는 것은 태어난 뒤 사회의 영향을 크게 받으며 발달한다는 뜻이기도 합니다. 사람의 뇌는 태어날 때 어른과 세포 수가 똑같지만, 어른에 견주어 2퍼센트밖에 활동을 안 합니다. 나머지 98퍼센트는 태어난 뒤에 발달할 수 있습니다.

한 살 시기는 사람으로 태어나서 맨 처음 교육을 받는 시기라고 말할 수 있습니다. 포르트만은 《사람은 어디까지가 동물인가》에서 그 중요성을 다음과 같이 말하고 있습니다.

"태어난 뒤부터 일 년, 다시 말하면 사람이 정말 포유류라면 아직도 어두운 어머니 뱃속에서 순수하게 자연 법칙에 따라 자연스럽게 자라야 할 이 시기에 사람의 아이는 벌써 '역사의 법칙' 앞에 서 있는 것이다. 이 '자궁 밖의 어린 시기'에는 모든 아이에게 들어맞는 발달 '과정' 뿐만 아니라, 역사에 남을 만한 단 한 번뿐인 '일'도 수없이 일어난다. 이러한 일이 일어나는 까닭을 아이들이 미처 알아차리기도 전에 그 일들은 한 사람의 운명을 너무나 많이 결정해 버린다."

사람이 태어나서 일 년 동안 어떻게 발달하는지 이해하려면 지금까지 말한 것처럼 사람의 아이가 다른 고등 포유동물과는 완전히 다른 존재라는 것을 생각해야 합니다.

예를 들어, 젖먹이 아기가 배밀이를 하여 앞으로 기고, 설 수 있을 때까지를 어류→파충류→포유류→사람이라고 하는 반복설로 이해하려는 의견이 있지만, 이지리 쇼지는 《어린이의 발달과 사람의 진화》에서 "반복설의 원리로 설명하는 것은 과학 논리에 맞지 않는다."고 지적하고, "임신한 지 7개월 무렵에 원숭이의 단계는 끝나 버린다."고 말합니다. '개체 발생은 계통 발생을 반복한다.'는 반복설의 법칙은 어머니 뱃속에 있는 아기에게 해당하는 것이기 때문입니다.

사람의 아이는 태어날 때부터 사람으로서, 사회에서 살아가는 존재로서 발달해 간다고 이해해야 합니다. 그래서 사람의 아이가 커다란 '변화 가능성'을 안고 이 세상에 태어난 뒤 맨 처음 일 년 동안 우리 어른들이 어떻게 문화를 전해 주고, 키우느냐에 따라 아이는 저마다 다른 모습으로 발달해 갑니다. 더구나 한 살 시기에는 사람이 한평생 가운데 가장 빠른 속도로 발달해 갑니다.

이렇게 사람은 '변화 가능성'이 풍부한 동물로 아주 미숙하게 이 세상에 태어납니다. 이것은 사람이 앞으로 끝없이 발달할 수 있다는 뜻도 됩니다. 그러나 사람의 아이는 미숙하게 태어나기 때문에 혼자서는 살아남을 수조차 없습니다. 사람의 아이가 살아남기 위해서는 먼저 어른과 사회가 그들을 보호해야 합니다.

한 살 어린이의 발달 모습

보육 내용을 더욱 충실하게 채우기 위해서는 어린이의 발달 상태를 이해해야 합니다. 그러기 위해서는 어린이를 있는 그대로 받아들이는 것이 중요합니다. 부분 부분을 받아들여 '할 수 있다.' '할 수 없다.'고 평가하고, 부분을 종합하여 어린이 몸 전체가 어떻게 발달하는지 알려고 노력해야 합니다. 그러려면 여러 기능이 저마다 서로 어떻게 관련되어 있는지를 잘 생각해야 합니다.

말이 느린 아이가 있다고 합시다. 그럴 때 그 아이가 하는 말에만 집착하면 어떻게 지도해야 할지 좀처럼 실마리를 잡을 수 없으며, 실제로 지도도 하지 못합니다. 말을 더디게 하는 아이는 대부분 말뿐만 아니라 몸 전체 기능이 늦게 발달하고, 어긋나 있습니다. 우리는 아이가 온몸을 크게 움직이는 운동과 손가락을 섬세하게 움직이는 운동을 활발하게 하고, 여러 가지 놀이를 하면서 말하는 능력이 발달해 가는 것을 자주 경험합니다. 아키바 히데노리도 《어린이의 발달과 활동 의욕》에서 '감각, 손과 손가락, 발, 입과 머리의 성장 연관의 법칙'을 말하면서, 이 모든 것은 관련해서 발달한다고 중요하게 이야기했습니다.

아이가 발달하는 것, 다시 말하면 뇌 기능이 차원 높게 발달하는 것은 단순히 지식이 증가한다거나, 계산을 빨리 한다는 뜻이 아니라 당연히 '전체 발달'('전체 발달'의 개념은 가와이 아키라가 쓴 《어린이의 발달과 교육》 참조)이 이루어지는 것을 뜻합니다. 반대로 '전체 발달'을 위해 노력하지 않으면 아이는 발달할 수 없을 것입니다.

이런 뜻에서 이 책에서는 아이의 발달을 고려할 때, 온몸을 크게 움직이는 운동, 손가락을 섬세하게 움직이는 운동, 말하는 능력, 놀이와 집단을 만드는 능력이 발달하는 것을 모두 중요하게 다루면서, 그런 것들이 어떻게 서로 연관되어 있는지 깊이 살필 것입니다. 또 그 나이에서 가장 중심이 되는 활동, 소중하게 해야 할 중심 활동은 무엇인지를 늘 생각할 것입니다.

그런데 아이의 발달에 대해서 생각할 때는 '무엇을 할 수 있는가, 할 수 없는가.' '무엇이 빠른가, 느린가.' 하는 것보다 활동하는 내용이 무엇인가 하는 '질'을 생각해야 합니다.

얼마 전에 잘 기지도 않던 아이가 10개월에서 11개월 즈음부터 걸어서 부모가 기뻐했는데, 이 아이가 걸으면서부터 앞 단계보다 한 차원 높은 운동을 할 때, 더구나 말이 발달할 때는 어려움을 겪기 쉽다는 것을 알 수 있었습니다. 이것은 걸을 준비를 제대로 하지 않은 단계에서 무리하여 걸었기 때문이라 생각합니다. 이 예는 아이가 활동을 '빨리' 하는 것이 좋은 것이 아니라 '능력을 제대로 갖추고 올바르게' 하는 것이 중요하며, 어른은 그것을 최대한 도와 주어야 한다는 것을 보여 줍니다.

나카지마 미즈호는 《말과 의사 소통》에서 아이가 바뀌어 가는 모습을 발달 시점에서 찾으려면 "할 수 없는 것 속에서 할 수 있는 가능성을 찾아 성장할 때 앞 시기와 뒷 시기가 어떻게 연관되어 있는지 밝혀 내야 한다."고 주장하고 있습니다.

어린이가 발달해 나가는 것을 생각하면 기기 전에 하는 활동 속에 기기 위한 준비 활동이 있고, 걷기 전에 하는 활동 속에 걷기 위한 준비 활동이 들어 있다고 할 수 있습니다. 앞 단계에서 제대로 활동하지 않은 채 다음 활동으로 나아가면 앞 단계보다 한 차원 높은 다음 활동을 하는 데 크게 걸림돌이 되기도 합니다.

앞에서 말한 것들을 전제로 하면서, 다음에는 태어나서 처음으로 맞는 일 년 동안 아이가 어떻게 발달해 가는지 발달 나이에 따라 살펴보겠습니다.

젖먹이 시기 전반기

1개월 반 _ '신나는 반응'을 한다

호리에 시게노부가 쓴《장애 어린이의 발달과 의료》를 보면 어린이의 운동 발달 법칙 가운데 '굽히는 행동에서 펴는 행동으로'라는 것이 있습니다.

사람은 굴근과 신근이라고 하는 두 근육이 작용하면서 긴장이 조화되어 관절을 굽혔다 폈다 합니다. 태어난 지 얼마 되지 않은 아이는 신근보다 굴근이 더 발달되어 있습니다. 사람의 근육은 신근 쪽이 좀 더 늦게 발달하기 때문에 신생아는 보통 팔과 다리를 구부리고 있습니다.

또, 사람은 태어날 때부터 자기 뜻과 관계 없이 어떤 자극에 일정한 반응을 일으키는 '반사' 현상을 가지고 태어납니다. 이들이 활동하는 것은 차원 낮은 뇌가 맡고 있기 때문에 자라면서 그보다 더 차원 높은 뇌가 활동하여 이들을 다스리면 사라져 갑니다.

이와 같은 것을 '원시 반사'라고 합니다. 태어난 지 얼마 되지 않은 아이는 원시 반사가 몇 가지 나타나는데, 비대칭 긴장성 경반사도 그 가운데 하나입니다. 이것은 그 반사를 일으킬 때 나타나는 모습 때문에 펜싱

반사라고도 합니다. 목을 가누지 못하는 아이는 반듯하게 누워 울고 있을 때가 아니면 보통 한쪽 옆으로 고개를 기울이고 있는데, 이 때 얼굴 쪽 팔은 펴고, 머리 뒤쪽 팔은 굽힙니다. 다리도 마찬가지로 한쪽만 굽힐 수 있습니다. 이것이 '비대칭 긴장성 경반사 자세' 입니다.

태어난 지 1개월 반쯤 되면 반듯하게 누워 잘 때 팔과 다리를 굽히고, 고개를 한쪽으로 기울이고, 비대칭 긴장성 경반사 자세를 하고 있는 때가 많습니다. 그리고 엎드려 있을 때는 아직 목을 가누지 못하기 때문에 머리를 계속 들고 있지 못합니다. 그런데도 가끔씩 머리를 들어 올립니다. 목을 가누게 하려면, 태어난 지 한 달이 지날 무렵부터 아기가 잘 자고 일어났을 때나 기분이 좋을 때, 하루에 몇 번이라도 잠깐씩 엎드리게 해 주는 것이 좋습니다.

아이는 근육이 긴장해 있을 때 즐거워하며, 근육이 이완되어 있을 때는 기분 나빠한다고 합니다. 엎드려 있을 때 근육을 이완시키면 기분이 나빠지기 쉬우므로 이 때는 안아 일으켜서 얼러 주는 것이 좋습니다.

그런데 손에도 '굽히는 행동에서 펴는 행동으로' 라고 하는 발달 법칙이 있습니다. 1개월 반쯤 된 아이 손도 굴근 쪽이 신근보다도 발달해 있기 때문에 보통 아이는 엄지손가락을 손바닥 가운데로 접어 넣어 가볍게 주먹을 쥐고 있습니다. 이렇게 손을 꼭 쥐는 원시 반사가 남아 있기 때문에 손바닥에 새끼손가락 쪽으로 막대기와 같은 물건을 대면 세게 쥐기도 합니다.

1개월 반쯤 되었을 때는 목젖과 목구멍 안쪽에서 울음소리를 냅니다.

태어난 지 1개월 무렵부터 어른이 얼러 주면 어른 눈을 보는데, 1개월 반 무렵부터 어른이 얼러 주면 손발을 움직이기도 하고, 빙그레 웃기도 하면서 점점 더 반응을 많이 합니다. 이와 같은 반응을 '신나는 반응' 이라고 합니다. 어린 아이가 '신나는 반응' 을 하면 의사 소통을 할 수 있으므로 아주 중요합니다.

태어난 지 나흘 즈음부터 아이가 웃는 것을 볼 수 있습니다. 보통 잠자고 있을 때 기분이 좋은 듯 빙그레 웃기도 하고, 귓가에서 종 소리 같은 소리가 울리면 웃고, 얼굴에 경련을 일으키듯 활짝 웃을 때도 있습니다.

하지만 이런 것들은 단순한 반사로 근육이 풀려 있는 것이지 정말 웃는 것이 아닙니다. 태어난 지 이 주쯤부터 젖을 먹으면 방긋 웃고, 점점 환하게 웃습니다. 그러나 이 웃는 얼굴도 아직까지는 개인적이며, 생리적인 웃음일 뿐입니다. 사회 속에서 관계를 맺고 웃을 때 앞에서 말한 '신나는 반응'이 나타납니다.

엘코닌은 아이에게 '신나는 반응'이 나타나면 신생아기가 끝난다고 했습니다. 엘코닌은 《소비에트 어린이 심리학》에서 '신나는 반응'이 나타나는 것은 '아이가 자기 둘레 상황에서 어른을 구별한다는 것을 나타내는 것이고, 새로이 의사 소통을 하려는 사회 관계에 대한 요구가 생긴 것'이라고 했습니다. 엘코닌은 '신나는 반응'을 의사 소통의 바탕으로, 다시 말하면 말을 할 수 있는 바탕으로 자리매김했습니다. 이 '신나는 반응'은 아이가 처음으로 다른 사람과 관계하는 것을 나타내는 것으로, 이것이 나중에 말을 해 가는 바탕이 된다는 것입니다.

3개월 _ 눈을 맞춘다

3개월 무렵부터 원시 반사도 점점 사라져 갑니다. 목도 많이 안정됩니다. 그 때문에 반듯하게 누워 있을 때 머리가 곧잘 좌우 대칭이 됩니다. 온몸을 굽히는 행동을 먼저 하던 젖먹이 아기도 '신나는 반응'을 하면서 펴는 행동을 합니다.(《장애 어린이의 발달과 의료》, 호리에 시게노부 글) 그리고 팔과 다리도 활발하게 움직이고, 손과 손, 발과 발을 맞추어 놀기도 합니다. 또 엎드리면 팔꿈치보다는 팔 앞부분으로 몸을 받치고, 잠깐 동안 머리를 들고 있기도 합니다.

그와 함께 3개월 무렵부터 손을 꼭 쥐는 원시 반사도 거의 나타나지 않습니다. 그리고 '굽히는 행동에서 펴는 행동으로' 법칙에 따라 가볍게 주먹을 쥐고 있던 손을 조금씩 펴고, 3~4개월 무렵에는 두 손을 서로 만지면서 놉니다.

이 시기에는 목을 가누어서 목구멍이 열리므로 "아, 우." 같은 어눌한 말도 합니다. 또, 목을 어느 정도 가눌 수 있기 때문에 왼쪽 오른쪽으로 눈을 돌려 다른 사람과 확실하게 눈을 맞출 수도 있습니다. 그리고 어른이 부르면 목소리가 나는 쪽으로 얼굴을 돌립니다.

태어난 지 3개월 무렵부터 목소리를 내어 웃거나, 어른이 얼러 줄 때 팔과 손가락을 자주 폅니다. 아직까지 스스로 장난감을 잡을 수는 없지만, 어른이 딸랑이처럼 소리나는 장난감을 쥐어 주면 잠깐 가지고 놀 수 있습니다.

보통 손가락을 자주 빨고 스스로 자극하는 것을 즐기는 때지만, 소리를 내어 웃거나 어른이 얼러 줄 때는 절대로 손가락을 빨지 않고, 손을 움직입니다. 이 때는 어른이 얼굴을 마주하여 눈을 보고 웃으면서 얼러 주어야 합니다. 어른이 얼러 주면 손발을 더욱 활발하게 움직이고, 목소리를 많이 냅니다.

5개월 _ 손으로 물건을 잡는다

5개월 무렵부터 아이는 목을 확실하게 가눕니다. 옆으로만 아니라 위아래로도 목을 움직여 눈을 맞추고, 반듯하게 누워 있어도 둘레를 두리번거리거나 어른들이 움직이는 것을 보기도 합니다.

이 때는 '뒤집기'를 준비하는 시기이기도 한데 바로 누워서 몸을 옆으로 트는 정도로 자세를 바꿀 수 있습니다. 엎드려 있을 때는 고개를 꼿꼿이 들고, 손바닥으로 몸을 떠받칠 수도 있습니다.

이 때부터 아이는 스스로 물건을 잡을 수 있습니다. 눈으로 보면서 물건을 잡는데 눈으로 본 물건에 두 손을 가까이 가져가서 먼저 물건에 닿는 손으로 쥐어서 보기도 하고, 비어 있는 손을 가까이 가져가서 잡을 수도 있습니다. 딸랑이 같은 장난감을 쥐어 주면 그것을 잡고 흔들어 보기도 하고, 모빌처럼 매달려 있는 장난감도 잡아당기면서 놉니다.

또 장난감을 쥐어 주면 손가락은 빨지 않고, 장난감을 빨면서 놉니다. 이렇게 어른이 자주 얼러 주고, 손에 장난감을 쥐어 주고 놀게 하면 젖먹이 시기 후반에 물건은 많이 빨아도 손가락은 점점 빨지 않습니다.

'굽히는 행동에서 펴는 행동으로' 발달해 가는 아이는 이 즈음부터 손을 단풍잎 모양으로 폅니다. 사람의 손이 발달할 때는 '새끼손가락에서 엄지손가락으로' 발달해 갑니다. 물건을 쥘 때, 처음에는 가운뎃손가락에서 새끼손가락까지가 중심 노릇을 합니다.

5개월 된 아이에게 굵은 막대기 같은 물건을 쥐어 주면 아직 엄지손가락을 다른 손가락과 반대 방향으로 하지 않고 다섯 손가락을 같은 쪽으로 해서 쥐는데, 주로 가운뎃손가락에서 새끼손가락까지 세 손가락을 손바닥에 대고 있고, 엄지손가락과 집게손가락은 아직 힘이 약합니다.

이전까지는 목소리도 어눌했는데 5개월 무렵부터 활발해집니다. 마치 소리 내는 것을 즐기는 것처럼 기분 좋게 소리를 냅니다. 얼러 주면 소리를 내며 웃습니다. 더구나 이 시기에는 장난감을 가지고 얼러 주는 것을 좋아합니다.

장난감은 나무를 너무 날카롭게 깎지 않고, 니스를 바르지 않은 것이 좋습니다. 또한 만질 때 느낌이 좋은 것이 좋습니다. 아이의 감각이 발달하는 것을 생각하면서 좋은 소재로 만든 장난감을 골라 줘야 합니다. 또 이 시기에는 '도리도리, 짝짜꿍' 같은 놀이도 아주 좋아합니다. 이것도 이 시기에 중요한 놀이라고 할 수 있습니다.

태어날 때부터 몸이 약한 아이는 사회 속에서 관계를 맺는 '웃는 얼굴'을 늦게 하기 쉽고, 그 때문에 어른이 얼러 주는 기회도 줄어들어 점점 더 늦게 발달할 수 있으므로 더욱 조심해야 합니다.

젖먹이 시기에 순하고, 손이 많이 안 가는 아이는 아이가 어른과 관계 맺는 것을 많이 바라지 않는다고 생각할 수도 있지만, 반대로 그저 아이가 순하다고만 여기고 어른이 아이와 관계를 잘 맺지 않는다는 뜻으로도 생각할 수 있습니다. 순한 아이는 어른이 더 많이 생각하고 헤아리면서 많이 놀아 주어야 합니다.

젖먹이 시기 후반기

7개월 _ 뒤집기를 한다

젖먹이 시기 후반기가 되어 비대칭 긴장성 경반사와 손을 꼭 쥐는 것 같은 원시 반사가 사라지고, '신나는 반응'을 하고, 목을 가누어 양 옆이나 위아래로 자유롭게 눈길이 가고, 눈과 손이 어우러져서 눈에 보이는 물건에 손을 뻗어서 잡으면 아이는 눈에 띄게 발달해서 '뒤집기'를 할 수 있습니다.

보통 5개월 무렵부터 반듯하게 누워 있다가 몸을 옆으로 돌릴 수 있고, 6개월부터 바로 누워 있다가 엎드리는 '뒤집기'를 할 수 있으며, 7개월 무렵부터 엎드려 있다가 바로 누울 수 있습니다. 몸을 뒤집을 수 있고, 이동할 수 있는 운동 능력을 익히면 아이는 눈에 띌 만큼 활발하게 움직입니다.

그러나 뒤집기도 '언제 뒤집을 수 있는가.' 하는 것보다 '어떻게 뒤집을 수 있는가.' 하는 것을 더 잘 살펴보아야 합니다. 이 시기 아이들은 본디 한쪽 발로 바닥을 차면서 허리를 틀어 바닥을 찬 발을 반대쪽으로 내밀며 중심을 이동합니다. 즉 '발이 앞서는 뒤집기'를 합니다. 그리고 몸을 뒤집은 뒤에는 옆으로 누워 있을 때 아래쪽에 있던 팔을 빼어 두 손바닥을 완전히 펴서 바닥에 대고, 팔을 뻗어 가슴을 들고 몸을 떠받칠 때가 많습니다.

다나카 마사히토는 《어린이의 발달과 진단》에서 다음과 같은 것들에 중점을 두고 뒤집기를 관찰해야 한다고 말합니다. "힘들이지 않고 뒤집는가, 뒤집을 때 밑에 깔려 있는 손을 뺄 수 있는가, 손을 뺄 수 있으면 팔을 펴서 배를 들고 가슴을 붙이며 얼굴을 확실하게 드는가, 두 손의 손가락을 펴고 방바닥을 보면서 움직이는가, 장난감을 주면 한쪽 손을 내미는가." 하는 것들입니다. 또한 "눈길이 뒤집는 방향으로 먼저 가는가." 하는 점도 중요하게 다루고 있습니다.

보통 6개월 무렵에는 바로 누워 있다가 엎드리는 자세로 몸을 뒤집을 때는 한쪽으로만 뒤집을 수 있습니다. 그러나 보통 이 주쯤 더 지나면 양쪽 방향으로 모두 몸을 뒤집을 수 있습니다.

헬부룻케는 《뮌헨 기능적 발달 진단법》에서 "정상 발달하는 경우, 아이가 맨 처음 스스로 몸을 비틀 때부터 시작하여 늦어도 육 주쯤 지나면 한쪽으로만 뒤집지 않고 자유롭게 뒤집을 수 있다."고 지적하고 있습니다. 보통 7개월 무렵부터 오른쪽, 왼쪽으로 자유롭게 몸을 뒤집을 수 있습니다. 젖먹이 시기 전반에 언제나 같은 쪽에서 빛을 받고 소리를 들으면서 잠을 자면 한쪽으로만 뒤집는 시기가 길어집니다. 그러므로 신생아 때부터 여러 방향에서 빛을 받고 소리를 들을 수 있도록 해 줘야 합니다.

뒤집기를 할 수 있는 시기는 아이마다 차이가 많이 나서 4개월이나 3개월에 뒤집는 아이도 있지만, 빨리 뒤집는 것이 반드시 좋은 것은 아닙니다. 다나카 마사히토와 다나카 스기에는 《어린이의 발달과 진단》에서 3~4개월에 뒤집기를 할 때는 아직 손바닥으로 제대로 몸을 떠받치지 못하고 팔꿈치로 몸을 떠받치고 있으며, 손가락도 살짝 굽히고 있고, 손바닥을 확실하게 펼 수도 없다고 말했습니다.

　이처럼 빨리 몸을 뒤집은 아이는 확실하게 펴지지 않는 손가락과 팔꿈치로 몸을 떠받치는 경우가 많기 때문에 그 뒤 기기 시작하는 시기가 되어도 손바닥을 위로 하고, 손목과 굽혀진 손가락으로 몸을 떠받치는 것을 많이 볼 수 있습니다.

　또 아키바 히데노리는《어린이의 발달과 활동 의욕》에서 3∼4개월 무렵에는 오랫동안 머리를 들고 있지 못하기 때문에 엎드린 채 머리를 내리고 있는 시간이 길어지고, 물건에 손을 뻗어 물건을 잡는 활동량이 줄어들어 손과 그 밖에 다른 기능이 발달하는 데도 나쁜 영향을 미친다고 했습니다.

　뒤집기를 너무 서둘러 연습시키지 않아야 하는데, 만약 아이가 빨리 뒤집어서 젖먹이 시기 전반기에도 손 모양이 나쁜 것 같으면 손의 기능을 높여 주는 노력을 해야 합니다.

　7개월 무렵부터 아이는 엎드린 상태에서 바닥에 대고 있는 배를 밀어 방향을 바꾸는 배밀이도 합니다. 또, 이 때는 엎드린 상태에서 팔로 몸을 받치면서 뒤로 가기도 합니다. 그 때 발을 보면 발끝을 젖혀 엄지발가락을 세우고, 바닥을 차려고 합니다. 이것이 젖먹이가 앞으로 나가려고 하는 것입니다. 아이 앞에 장난감을 놓아 보면 뒤로 물러납니다.

　사람은 "태어난 지 5개월이 되면 다리 발육이 팔 발육에 훨씬 뒤떨어진다."고 포르트만도 지적하고 있듯이, 사람은 팔이 다리보다 앞서 발달합니다. 그래서 팔로 몸을 떠받치는 힘이 강하기 때문에 뒤로 갈 수 있습니다. 아이는 엎드린 상태에서 뒤로 미는 운동을 하면서 엄지발가락으로 바닥을 강하게 차 나갑니다. 엎드린 상태에서 방향을 바꿀 때도 엄지발가락을 쓰고 있습니다. 이렇게 엄지발가락으로 차는 힘은 나중에 걸음걸이가 한 단계 높아질 때 중요한 노릇을 합니다.

　7개월쯤 된 아이는 앉혀 놓으면 그대로 앉아 있을 수 있습니다. 하지만 이 시기에는 아이 스스로 앉을 수 없고, 남이 앉혀 줘야 앉을 수 있습니다. 너무 일찍부터 무리하게 앉히면 오히려 근육 발달에 걸림돌이 된다(《다리》, 오노 미쓰쓰구 글)는 관점도 있기 때문에 아직 스스로 앉을 수 없는 아이를 오래 앉혀 놓아야 할 때는 등받이 같은 것을 받쳐 주면서 보살펴야 합니다.

7개월 무렵에는 말할 것도 없이 아이가 스스로 활동하는 것이 가장 중요합니다. 젖먹이 시기 전반기가 되면 눈과 손이 함께 어우러지는 활동도 발달하기 때문에 눈으로 본 물건에 스스로 한쪽 손을 뻗어서 단단하게 잡을 수도 있습니다. 두 손을 번갈아 가며 잡는 것도 잘 하지만, 아직 작은 물건을 집는 것은 서툽니다.

이 시기에는 목소리를 한결 활발하게 냅니다. 상대방에게 말을 거는 듯한 목소리도 냅니다. "아, 아우, 아부, 부."처럼 목구멍 속에서 나오는 소리가 아니라, 혀와 입술이 움직이면서 자음을 몇 개 만들어 냅니다.

또한, 낯가림을 합니다. 친한 어른과 그렇지 않은 어른을 확실하게 구별합니다. 그리고 어른과 공감하면서 물건과 사람에 대한 마음을 정리하는 시기이기 때문에 칭얼칭얼 보채고 있다가도 친한 어른이 얼러 주면 좋아합니다. 가볍게 흔들어 주는 것을 좋아하는 때이기도 합니다. 또, 다른 아이들에게도 관심을 보이는데, 아이와 얼굴을 마주 보며 웃기도 하고, 아이를 빤히 바라보기도 합니다.

9개월 _ 배밀이를 한다

7개월 무렵에 아이는 엎드린 상태에서 팔로 몸을 떠받치면서 활발하게 뒤로 움직입니다. 그러다 8~9개월 무렵부터 가끔 발에 닿는 것을 차고 앞으로 나갑니다. 이 경험과 다리가 발달한 것에 기대어, 팔로 어깨와 가슴 쪽을 떠받치면서 몸을 방바닥에 대고, 엄지발가락을 중심으로 발가락으로 바닥을 차면서 앞으로 기어 나가는 방법을 몸에 익힙니다. 이것이 '배밀이'입니다.

그리고 9~10개월 무렵부터 무릎을 꿇어서 엉덩이를 들고, 몸을 바닥에서 떨어지게 하여 기어다닙니다. 이 시기가 되면 바닥을 짚고 일어서거나 무엇인가를 잡으면서 조금씩 걷기 때문에 어른은 그야말로 잠깐이라도 한눈을 팔 수 없습니다.

더구나 11개월 무렵부터 방향을 바꾸면서 아주 빨리 기어다니고, 나아가 무엇인가를 짚고 일어서므로, 높은 자세로 기어다니려고 활발하게 움직입니다. 그런데 이 기어다니는 활동도 '언제쯤 기어다닐 수 있는가.' 하는 것보다 '어떻게 기어다닐 수 있는가.'를 생각해야 합니다. 아이가 잘 기어다니기 위한 중요한 조건으로 다음 네 가지를 들 수 있습니다.

첫째, 목을 세워서 제대로 앞을 보아야 합니다. 기어다니는 것은 아이가 무엇인가를 하고자 하는 적극적인 마음과 깊은 관련이 있습니다. 그러므로 목적을 위해 즐겁게 기어가는 것이 가장 중요합니다. 이를 위해서는 아이가 목을 세워 앞을 보며 기어가게 해야 합니다. 이것은 고개를 바로 잡는 운동으로도 중요합니다.

두 번째로 중요한 것은 손바닥과 손가락을 제대로 펴서 몸을 떠받치는 것입니다. 보이터는《유아의 뇌 운동 장애》에서 "아이가 기어다니려면 손가락을 풀어 펼쳐서 손바닥을 바닥에 대고 몸을 떠받칠 수 있어야 한다."고 했습니다. 그리고 "만약 아이가 기어다닐 때 손가락을 굽히고 있거나 주먹을 쥐고 있다면, 그것은 운동 발달에 장애가 있는 것"이라고 했습니다. 주먹은 쥐고 있지 않더라도 손목과 굽어 있는 손가락으로 몸을 떠받쳐 손바닥이 방바닥에서 떠 있는 아이도 자주 볼 수 있는데, 이것도 '손 모양이 나쁜 기어다니기'라고 할 수 있겠지요. 손 모양이 나빠지는 까닭은 너무 빨리 뒤집기를 했거나, 젖먹이 시기 전반기에 걸쳐 어른이 많이 얼러 주지 않았거나, 아이가 반응을 잘 하지 않아서 소리 내고 웃으면서도 활발하게 손가락을 펴서 손을 많이 뻗지 않았기 때문입니다.

손 모양이 나쁜 아이는 어른이 아이와 많이 놀면서 소리 내어 웃게 하고, 장난감을 쥐어 주면서 손이 물건을 많이 다룰 수 있게 해야 합니다. 또 기어가는 것을 방해하는 기울어진 곳을 올라가게 하는 것도 좋습니다. 되도록 두 손으로 크게 소리 내어 손뼉을 치며 놀거나, 손에 넣기에는 조금 큰 듯한 공으로 많이 놀 수 있게 해 봅시다.

잘 기어다니기 위한 세 번째 조건은 엄지발가락을 중심으로 하여 발가락으로 바닥을 차고 앞으로 나가는 것입니다. 7개월 된 아이가 엎드려서 뒤로 갈 때는 이미 엄지발가락을 세우고 바닥을 차려 한다고 앞에서 말했습니다. 이 힘은 아이가 서서 걸을 때 걷는 활동을 한 단계 높이는 데 아주 중요한 노릇을 합니다.

네 번째로 중요한 것은 앞으로 나아갈 때 손발을 정확하게 교차하는 것입니다. 즉, 움직임의 문제입니다. 니시무라 쇼지는 《실천과 발달의 진단》에서 "9~10개월 즈음 손발로 기어다닐 때 손발이 서로 교차하는 운동이 확실해지는데, 손발로 기어다닐 때 교차 유형이 성립하는 것은 뒤집기 같은 활동으로 돌리는 것이 익숙해진 몸이 다른 활동과 통합되어 가는 중요한 의미가 있다."고 지적하고 있습니다.

더구나 곤도 시로는 《발이 하는 일과 어린이의 성장》에서 아이가 일어서기 전에 기어다닐 때는 왼발→왼손→오른발→오른손이라는 '뒤쪽에서 교차하는 유형'으로 움직이고, 일어서서 걷기 시작한 뒤에 길 때는 왼발→오른손→오른발→왼손이라는 '앞쪽에서 교차하는 유형'으로 움직이는데 '뒤쪽에서 교차하는 유형' 쪽이 양 옆으로 많이 움직이기 때문에 온몸 근육을 발달시키는 데 좋고, 젖먹이 시기에는 손과 발을 서로 교차하며 기어다니는 것이 중요하다고 강조하고 있습니다.

그림 1 아이가 기어다닐 때 발이 움직이는 차례

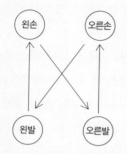

뒤쪽에서 교차하는 유형(포유류형)

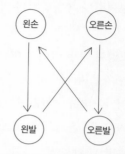

앞쪽에서 교차하는 유형(영장류형)

자료 : 《발이 하는 일과 어린이의 성장》, 곤도 시로 글

또한, 호리에 시게노부는 "팔꿈치로 기는 '배밀이' 유형은 ①오른손→왼발→오른발, ②두 손→두 발, ③ 한쪽 손→반대쪽 발 가운데 하나지만, 다음 단계인 '손발로 기어다니기' 단계가 되면 모두 ①의 오른손→왼발→오른발 유형이 된다."고 합니다. 그리고 배밀이 단계와 관계 없이 손발로 기어다니는 단계에서는 교차가 이루어진다고 합니다.

그러나 아이가 배밀이를 할 때 살펴보면 이 단계에서 이미 교차 유형이 나타나는 아이는 다른 세 가지 조건도 채우고 있는 경우가 많고, 교차 유형이 나타나지 않는 아이는 다른 조건도 안 채우고 있는 경우가 많습니다. 예를 들어, 탄력을 붙여 두 손을 위로 올리고 다음으로 두 손을 바닥에 대었을 때 몸을 가까이 갖다 붙여서 앞으로 나가는 방법과, 엉덩이를 들어서 아랫도리를 끌어 붙이고 그 다음에 몸을 쭉 늘려 윗몸을 앞으로 보내 애벌레처럼 가는 방법은 앞에서 말한 네 가지 조건 가운데 어느 것도 채우지 않고 있습니다.

서툴게 기는 아이라도 기어다니면서 저항을 받을 수 있게 기울어진 곳을 즐겁게 기게 하고, 층계를 기어 올라가게 하고, 둥글게 말아 놓은 이불 위를 기어 넘게 하면 아이는 점점 잘 기어다닐 수 있습니다. 이렇게 할 때는 아이가 움직이고 싶게 만들고, 즐겁게 집중해서 연습하게 하는 것이 가장 중요합니다.

9~10개월 무렵에 확실하게 기어다닐 수 있는 아이는 책상이나 난간 따위를 짚고 일어나고, 짚고 일어난 자세에서 앉을 수도 있습니다. 또, 기어다니다가 다리를 앞으로 돌려서 앉거나 앉았다가 다시 엎드려서 기어 나갈 수도 있습니다. 10개월이 지나면 짚고 일어서서 옆으로 무엇인가를 잡고 걷습니다. 이 때도 양쪽으로 갈 수 있는지 꼼꼼히 관찰해 봅시다.

활발하게 기어다니면 기어서 부모 뒤를 쫓아다니기도 하는데, 이는 다른 사람과 관계가 발달하는 데도 아주 도움이 됩니다.

한편, 9~10개월에 기어다니면서 책상이나 난간 따위를 짚고 일어설 무렵에는 엄지손가락과 나머지 손가락들이 서로 마주 보고, '쥐는' 것에서 '집는' 것으로 발달해 갑니다. 아직 엄지손가락과 집게손가락을 마주 보게 하지는 못하지만 작은 물건에 엄지손가락과 집게손가락을 가까이 가져가기도 하고, 동전같이 작고 납작한 물건을 엄지와 집게, 가운뎃손가락 세 손가락으로 집어 올리기도 합니다.

또, 두 손을 함께 써서 물건을 만지고, 장난감 같은 것을 두 손으로 잡고 그것을 움직여 놀기도 합니다. 이 무렵에는 손을 써서 자신 아닌 다른 세계로 움직이려고 하는 성향이 높아지고, 여러 물건을 자주 만지고 주무르고 탐색해 갑니다. 이 시기에는 그릇 같은 데서 계속 물건을 꺼내려고도 합니다. 상자 안에 휴지 따위가 들어 있기라도 하면 자꾸만 빼내서 결국 속을 비우고, 방 안을 휴지 바다로 만들어 버립니다. 그리고 점점 그릇에 물건을 넣을 수 있습니다. 또, 손가락으로 무엇인가를 가리키는 능력도 발달하기 때문에 어른 손에 안겨서 갖고 싶은 물건 쪽으로 집게손가락과 엄지손가락, 가운뎃손가락을 가볍게 내뻗기도 합니다. 말하자면 손가락질을 시작합니다.

이 무렵에는 말도 조금씩 알아듣습니다. 이름을 부르면 뒤돌아보기도 합니다. 어른이 "주세요." 하면서 손을 내밀면 가지고 있는 물건을 어른 손 위에 놓아줍니다. 하지만, 9개월 무렵에는 대부분 한 번 준 물건을 손에 쥐고 다시 빼앗아 가 버립니다. 10~11개월 무렵에는 "주세요." 하면 가지고 있는 물건을 내줍니다. 또 "안 돼." 하고 야단치면 내민 손을 다시 감춥니다.

어른 몸짓을 활발하게 흉내냅니다. 어른이 "바이, 바이." "좋아, 좋아." "싫어, 싫어." 같은 말을 하면서 몸짓을 하면 그것을 흉내냅니다. 자기 머리를 가볍게 두드리며 노는 것도 좋아합니다. 소리도 기운차게 내어 장면과 물건에 맞춰 점점 "맘마, 맘마." "난나, 난나." 같은 옹알이를 합니다.

9개월 무렵에는 전보다 심하게 흔들며 얼러 주는 것을 좋아합니다. 6개월 무렵부터 가볍게 흔들어 주는 것을 좋아했다면, 이 무렵에는 비행기놀이도 하고, 목말을 태워 흔들어 주면 입을 크게 벌려 소리 내어 웃으며 좋아합니다. 이 흔드는 놀이를 즐기면서 평형 감각을 키워 갑니다.

두 살 _ 설 수 있다

걷기 전 무렵인 11~12개월 무렵에는 무릎을 펴고 엉덩이를 높이 들고 '높이 기어다니면서' 앞으로 나아갑니다. 게다가, 굴러가는 공을 쫓아가거나 하면서 목표물이 있는 쪽으로 방향을 바꾸면서 기어다닐 수 있습니다.

높이 기어다니는 것을 잘 익히면 첫돌을 맞이할 무렵에 두 손을 바닥에 댄 채 천천히 윗몸을 일으켜 설 수 있습니다. 바닥에서 바로 일어서는 것을 익히는 것입니다. 그리고 그 자세에서 한 걸음 두 걸음 앞으로 발을 내밀면서 걷는 것을 배워 갑니다. 이와 같이 바닥에서 바로 일어설 수 있을 때 걸어야 제대로 걸을 수 있습니다.

포르트만은 "우리가 보통 두 발로 서서 걷는다고 말하지 않고, 꼿꼿하게 바로 서는 것만을 강조하는 것은 오직 사람만 꼿꼿하게 바로 설 수 있기 때문이다. 두 발로 서서 걷는 것은 아주 하등한 네 발 동물이 네 발을 교차시켜 걷는 운동이며, 신경 근육 조직 가운데 어느 정도 단순한 기능이다."고 말하고, '꼿꼿하게 바로 서는 것'과 '두 발로 서서 걷는 것'을 엄밀하게 구별하여 꼿꼿하게 바로 서는 자세를 기본 자세로 자리 매김하고 있습니다. 그러므로 먼저 '서는 것'이 중요하다는 것을 다루고, 그 다음에 '걷는 것'을 생각해 보겠습니다.

그러나 가구가 많이 들어 있는 좁은 방 안에서 생활하다 보면 흔히 높이 기어다니기를 건너뛰므로 손발로 기어다니다가 바로 책상이나 난간 따위를 짚고 일어서고 그대로 비틀거리며 걷는데, 요즈음 이런 아이가 늘어나고 있습니다. 이렇게 되면 바닥에서 바로 일어설 수 없는 상태에서 걷기 때문에 균형이 잡히지 않은 채 걸어서 오랫동안 비틀거리며 걷기도 하고, 중심을 잡기 어려워 몸무게가 먼저 앞으로 쏠려 앞으로 기울어진 채 발이 뒤에서 따라오는 것처럼 걷기도 합니다. 높이 기어다니는 것을 건너뛰면 나중에 다리와 허리가 약해질 수 있습니다.

한 살이 지날 즈음부터 점점 엄지손가락과 집게손가락이 정교하게 움직이므로 손가락으로 사물을 다루는 능력이 발달합니다. 작은 종이나 작은 구슬처럼 작고도 평평하지 않은 물건이 있을 때, 엄지손가락과 집게손가락만을 마치 핀셋처럼 움직여 물건을 집을 수 있습니다.

또 이 무렵이 되면 단순하게 그릇에서 물건을 꺼내는 것뿐만 아니라, 넣는 것도 많이 합니다. 그리고 넣고 꺼내는 행동을 되풀이하는 것을 좋아합니다. 이것은 그릇과 내용물의 관계를 이해한다는 뜻입니다.

첫돌을 맞이할 무렵부터 "맘마." "부, 부." 같은 소리를 단순한 옹알이로 하지 않고 물건에 맞춰 '한 마디 말'로 하기 시작합니다. 또, 이 즈음에는 말을 조금씩 이해해서 "주세요." 하면 대부분 손에 가지고 있는 물건을 내줍니다. 그리고 "엄마 왔어요." 하면 방 문 쪽을 바라보기도 하고, "아빠는 어디 있을까?" 하고 말을 걸면 아버지를 찾는 듯이 둘레를 둘러볼 줄도 압니다.

그리고 10개월 즈음부터 어른이 손가락질을 하면 가리키는 쪽으로 눈길이 가기도 하는데, 두 살 무렵에는 어른 얼굴을 보면서 눈에 보이는 물건이나 갖고 싶은 물건을 가리킬 수 있습니다.

두 살 무렵은 어른과 함께 물건과 사람이 어떤 관계가 있는지 탐구해 가는 시기라고 할 수 있습니다. 이에 맞추어 다른 아이하고도 활발하게 관계를 맺어 갑니다. 다른 아이가 가지고 있는 물건에 손을 대어 장난감을 서로 빼앗으려 하는 행동은 이 즈음 나타나는 특징입니다.

한 살 어린이 보육표

그러면, 지금까지 살펴본 어린이의 발달과 보육의 관계를 알기 쉽게 나타내 보겠습니다.

다음에 나오는 표 '한 살 어린이의 세계를 풍성하게'는 보육 방법을 쉽게 알아볼 수 있도록 정리한 것입니다. 우리는 이것을 정리하기 위해서 여러 가지 실천을 많이 하고 부모, 보육 기관, 어린이집과 유치원 교사, 연구자들이 모여 셀 수 없이 토의를 해 왔습니다. 그리고 다음과 같은 목표를 세울 수 있었습니다.

첫째, 아이의 발달 절차를 확실하게 세우자.

둘째, 아이를 발달시키기 위한 활동을 확실하게 정하자.

셋째, 아이들의 일상 생활을 풍요롭게 하자.

넷째, 아이도 부모도 교사도 모두 힘을 모아 조금씩 노력하면 풍요로워질 수 있고, 안심할 수 있도록 실천 지침을 마련하자.

다섯째, 한 사람 한 사람이 실천해 온 경험을 소중히 하면서, 더 확실하게 보육 내용을 창조하는 것을 목표로 하여 보육 실천에 과학의 빛을 비추자.

이러한 목표를 세우고 실천을 분석하면서 우리는 보육 구조를 더욱 깊이 이해해야 한다고 생각했습니다. 어린이 집단을 기본으로 하면서, 보육 내용을 어떻게 구성해야 아이 하나하나가 잘 발달할 수 있고, 계획과 전망을 갖춘 보육 구조를 만들어 낼 수 있을지를 고민해 왔습니다.

우리는 아이들이 진정으로 생명과 건강을 지킬 수 있는 사회 조건을 만들기 위하여 다음과 같은 보육 구조를 이끌어 냈습니다.

첫째, 적어도 한 살 때부터 학교에 들어갈 때까지 아이들 한 사람 한 사람에게 맞는 개인 발달 단계를 다루고, 온몸 운동, 손 운동, 표현과 언어로 대표되는 이해 단계와 집단의 발달을 서로 비교, 연구하며 그 발달 절차를 다루는 것입니다. 발달 절차에 따른 내용에서는 '할 수 있더라도 시켜서 안 되는 것은 시키지 않지만, 할 수 없더라도 시켜야 하는 것은 시킨다.' 는 점을 중요하게 생각했습니다.

둘째, 아이마다 발달 상황을 짚어 나가면서 아이들이 스스로 움직여야 하는 중심 활동을 분명히 하고, 그것을 일상 생활에서 나타낼 수 있도록 하는 것입니다.

셋째, 위 두 가지를 늘 생활의 관점에서 확실하게 이해하고, 아이들이 아주 당연한 일상 생활 속에서 소중하게 하고 싶은 일을 할 수 있게 하는 것입니다.

굳이 이러한 생각을 도표로 만들면 다음과 같이 될 것입니다. 화살표는 발달 연관에 근거를 두고 중요하게 생각해야 할 방향을 나타낸 것입니다.

그림 2 개인 발달 단계

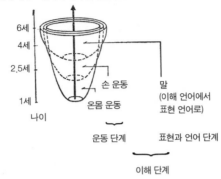

나이에 따라 소중하게 해야 할 중심 활동

6세
4세

2.5세

1세
나이

손 운동

온몸 운동

말
(이해 언어에서
표현 언어로)

운동 단계

표현과 언어 단계

이해 단계

그림 3 개인과 집단 발달 단계

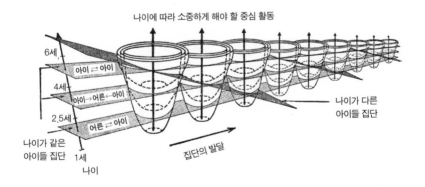

나이에 따라 소중하게 해야 할 중심 활동

6세

아이 ⇄ 아이

4세

아이→어른←아이

2.5세

어른 ⇄ 아이

나이가 다른
아이들 집단

나이가 같은
아이들 집단

1세
나이

집단의 발달

표 1 한 살 어린이 세계를 풍성하게

		1개월
온몸 운동		〈반듯하게 누워 있을 때〉 • 고개를 한쪽으로 기울이고 긴장성 경반사 자세를 할 때가 많다. (몸은 좌우 비대칭이다.) 〈엎드려 누워 있을 때〉 • 때때로 머리를 들 때가 있다. 몸을 들어올리면 머리는 밑으로 처지고 발은 구부러져 있다.
손 운동		• 엄지손가락을 손바닥 가운데로 접어 넣어 가볍게 주먹을 쥐고 있을 때가 많다.
말하기		〈소리〉 • "웅, 웅." 하고 목 안에서 소리를 낸다. 〈감각〉 • 가랑가랑 같은 소리가 나면 몸을 움직이지 않는다. • 눈 앞에 물건이 보이면 어렴풋이 바라본다.
집단 생활	어른을 대할 때	• 잠이 들려고 할 때 빙그레 웃는다. (생리적으로 웃는 얼굴) • 불편할 때 운다.
중심 활동		• 얼러 주면 손발을 움직이기도 하고, 빙그레 웃으며 배냇짓을 하기도 한다. (신나는 반응)
소중하게 해야 할 활동	건강, 안전	• 먼지가 많이 나는 데나 시끄러운 소리가 나는 곳에는 가지 않는다. • 수분을 잘 공급한다. • 추위에 특별히 약하므로 겨울에는 실내 온도를 20도쯤으로 한다. 옷도 엄마보다 한 겹 더 많이 입힌다. • 여름에는 목욕을 많이 시킨다.
	음식	• 엄마 젖을 넉넉하게 먹인다. (몸무게가 바뀌는 데 조심한다.) • 분유나 엄마 젖을 먹인 뒤에는 반드시 트림을 시킨다.
	생활 습관	〈생리 리듬에서 생활 리듬으로〉 • 조용한 환경을 만들고, 푹 자고 일어날 수 있게 한다. • 기저귀가 젖었을 때는 바로 갈아 주어 기분 나쁘지 않게 한다.
	놀이	• 눈을 뜨고 있을 때는 어른이 웃으면서 이야기해 준다. • 소리 나는 것과 부드러운 색이 있는 것을 보여 주어, 시각과 청각이 발달할 수 있게 도와 준다.
		3개월
온몸 운동		〈반듯하게 누워 있을 때〉 • 뒤로 젖히면 자세가 좌우 대칭이 될 때가 많다. • 팔을 내젓는 것처럼 흔들고 손과 손, 다리와 다리를 가볍게 모은다. 〈엎드려 누워 있을 때〉 • 팔꿈치로 몸을 받치고 머리를 든다. • 몸을 들어올리면 허리와 머리가 일직선이 된다.

손 운동		• 엄지손가락을 밖으로 하고 주먹을 쥘 때가 많다. • 물건이 손에 닿으면 손을 편다. • 반듯하게 누워 있을 때 손을 바라보든지 핥든지 한다.
말하기		〈소리〉 • 웅얼웅얼하는 소리를 낸다. "아, 우." 같은 소리를 낸다. 〈시각〉 • 눈 앞에서 물건이 양 옆으로 움직이면 그것을 눈으로 좇는다. 조금 뒤에는 눈을 위아래로도 움직여 좇는다.
집단 생활	어른을 대할 때	• 얼러 주면 빙그레 웃고 "우, 우." 하는 소리를 낸다. • 얼러 준 사람 쪽으로 얼굴을 돌린다.
중심 활동		• 얼러 주면 소리를 내고 웃는다.
소중 하게 해야 할 활동	건강, 안전	• 공기욕, 일광욕을 조금씩 시킨다. • 3개월이 지나면 예방 주사, 결핵 예방 백신(BCG)을 맞힌다. • 아기 체조를 시킨다. • 무릎 관절 검진을 받는다.
	음식	• 분유는 한 번 먹는 양을 일정하게 한다. • 이유식을 준비한다. (과일즙, 채소 수프)
	생활 습관	• 일어났을 때와 자고 있을 때를 확실하게 구별한다. • 젖을 먹고 싶거나 아플 때만 우는 것이 아니므로, 울고 있는 까닭을 잘 살펴가면서 돌본다.
	놀이	• 어른이 말을 건넬 때는 천천히, 똑똑하게, 바르게 감정을 풍성하게 담아서 이야기해 준다. • 배밀이도 하고, 옆으로 보고 놀게 한다. 핥고, 흔들고, 잡아끌 수 있는 장난감을 준비하고, 놀게 한다. • 소리가 나는 장난감을 흔들어 주어 듣게 하고, 눈으로 따라가면서 보게 한다.

5개월	

온몸 운동	〈반듯하게 누워 있을 때〉 • 팔과 다리를 활발하게 움직이고 다리를 모아 들어올리거나, 손으로 다리를 잡을 수 있다. 〈엎드려 누워 있을 때〉 • 엎어서 눕히면 손바닥과 두 팔을 펴고 가슴을 들어올리면서 몸을 떠받친다. 〈앉을 때〉 • 다른 데 기대서 앉게 하면 고개를 가누고 둘레를 살펴볼 수 있다.
손 운동	• 손과 손가락을 단풍잎처럼 다 편다. • 두 손을 모으면서 손가락으로 논다. • 눈 앞에 있는 물건에 두 손을 뻗는다. (눈과 손이 서로 어우러진다.)
말하기	• 기분 좋게 소리를 낸다. "끼악, 끼악." 하고 떠든다.

집단 생활	어른을 대할 때	• 얼러 주면 소리를 낼 뿐 아니라 자기 쪽에서도 소리를 낸다. • 낯익은 사람을 알아보고 웃는다. 볼을 만져 주거나 할 때 많이 웃는다. (사회화된 웃는 얼굴)
	어린이를 대할 때	• 흩어져 있는 어린이들을 가까이 모아 놓으면 여기저기로 눈을 돌린다.
중심 활동		• 장난감으로 얼러 주는 것을 좋아한다.
소중 하게 해야 할 활동	건강, 안전	• 조금씩 얇게 입힌다. (이 시기에 겨울을 맞으면 무리하지 않는다.) • 엄마한테서 받은 면역 기능이 없어져서 여러 가지 병에 걸리기 쉽다.
	음식	• 이유식을 먹이기 시작한다. 오전에 한 번 정해진 시간에 준다. • 식품의 특별한 맛을 알 수 있게 식품과 식품을 섞지 않고 한 가지만을 준다. • 간을 싱겁게 한다.
	생활 습관	• 잘 때는 안정감 있게 푹 자게 하고, 깨어 있을 때는 어른과 마음껏 부대낄 수 있도록 리듬을 만들어 본다.
	놀이	• 조금씩 몸을 뒤틀거나 어떤 자세로 오래 버티면 잘 할 수 있게 잡아 준다. • 어린이들끼리 관계를 넓혀 나갈 수 있도록 서넛이서 배를 깔고 엎드려 사방팔방으로 기어가게 하거나, 앉아서 놀 수 있게 해 준다.

7개월	
온몸 운동	〈자세〉 • 앉혀 놓으면 그대로 앉아 있을 수 있다. • 반듯하게 누워 손과 발을 입에 대 본다. (발을 붙잡고 입에 넣기도 한다.) 〈이동 운동〉 • 어느 쪽으로든지 자기 마음대로 몸을 뒤집을 수 있다. • 엎드린 상태에서 바닥에 대고 있는 배를 밀어 방향을 바꿀 수 있다. • 팔을 뻗치고 팔로 몸을 떠받치면서 뒤로 가기도 한다.
손 운동	• 조그만 물건을 새끼손가락 쪽으로 돌려서 꽉 쥔다. • 스스로 한쪽 손을 뻗어서 물건을 단단하게 잡을 수 있다. • 몸의 앞쪽 가운데서 물건을 바꿔 쥔다. • 물건 넣어 둔 통을 한 손으로 뒤집어엎는다.
말하기	〈소리 언어〉 • "아, 아우, 아부, 부." 하는 소리를 낸다. (떠들려는 소리) • 스스로 부르는 것 같은 소리를 낸다. 〈낯가림〉 • 낯익지 않은 사람이 "이리 온." 하고 손을 내밀면 얼굴을 뒤로 돌렸다가 다시 돌아보 든지 하며 낯가림을 한다.
집단 생활	어른을 대할 때	• 낯을 가린다. • 얼러 주면 기분을 바꾼다. • 얼러 주지 않아도 다른 사람에게 소리를 낸다.

집단 생활	어린이를 대할 때	• 다른 아이와 얼굴을 맞대 보고 지긋이 바라본다.
중심 활동		• 어른이 있을 때 물건이나 사람에게 관심을 보인다.
소중 하게 해야 할 활동	건강, 안전	• 공기욕, 일광욕을 활발하게 시켜 준다. • 부지런히 옷을 갈아입힌다. (낮잠을 자고 난 뒤에는 특별히 잘 갈아입힌다.) • 빈혈에 주의한다.
	음식	• 정해진 시간에 젖을 듬뿍 먹게 한다. • 이유식을 권한다. 하루에 두 번 준다. • 이유식에 들어가는 식품 수를 늘인다. • 여러 가지로 혀끝을 자극하는 이유식을 만든다.
	생활 습관	• 자고, 먹고, 노는 리듬을 만들어 가게 한다. • 잘 수 있는 시간을 확실하게 만들어 준다. • 하루에 낮잠을 세 번 자다가 이 때부터 두 번 잔다. • 아침에는 정해진 시간에 일어나게 한다.
	놀이	• 흔들어 주는 놀이처럼 어른 몸을 이용해서 하는 놀이를 많이 한다. • 크거나, 무게가 나가거나, 부드럽거나 해서 서로 다른 느낌을 받을 수 있는 장난감을 갖고 놀게 한다. • 많이 옮겨 다니므로 움직일 수 있는 곳을 마련해 준다.

9개월	
온몸 운동	〈자세〉 • 잡고 일어선다. • 양 옆으로 흔들려도 넘어지지 않고 제대로 선다. • 혼자서 앉기도 하고, 엉금엉금 기기도 한다. 〈이동 운동〉 • 배밀이를 하다가 이 때부터 무릎으로 기어다닌다. • 걸음마를 배우면서 장롱이나 벽을 잡고 걷는다.
손 운동	• 작은 물건에 엄지손가락과 집게손가락을 가까이 대면서 쥐어 올린다. • 쥔 물건을 떨어뜨린다. • 두 손에 물건을 쥐고 세게 내려친다. 북을 친다. • 물건을 잡아 끌어 낸다. • 손으로 쥐고 먹는다. • 갖고 싶은 물건을 손가락으로 가리킨다.
말하기	• "맘마, 맘마." "난나, 난나." 같은 옹알이를 한다. • 어른이 "바이, 바이." "좋아, 좋아." "싫어, 싫어." 같은 말을 하면서 몸짓을 하면 그것을 흉내낸다.

집단 생활	어른을 대할 때	• 어른이 손가락으로 가리키는 쪽을 보고 손짓으로 알려 주는 것을 알아차린다. • 어른이 손가락질하는 것을 따라 손짓이나 손가락질을 한다.
	어린이를 대할 때	• 다른 아이에게 다가간다.

중심 활동		• 곤지곤지, 잼잼, 목말타기 같은 놀이를 좋아한다.
소중 하게 해야 할 활동	건강, 안전	• 밥 먹고 난 뒤 손과 얼굴을 씻는다. 음식을 흘리고 얼굴은 지저분해지기 쉬우니 깨끗 하게 해 준다. • 무엇이든 입에 넣기 때문에 위험한 것은 치워 놓는다.
	음식	• 젖만 먹이려고 고집하지 말고 이유식을 확실하게 먹을 수 있게 한다. 하루에 세 번 먹 이도록 한다. • 여러 식품을 먹인다. • 손으로 집어 먹는 것을 강하게 말리지 않는다. • 국물 그릇이나 우윳잔으로 마시게 한다.
	생활 습관	• 자고, 먹고, 노는 리듬을 확실하게 만들어 안정시킨다.
	놀이	• "네, 네." 하고 대답할 수 있는 놀이를 많이 한다. 노래를 하며 놀 수 있는 장난감을 준 비해 둔다. 비탈진 곳, 층계, 우글쭈글한 것, 풀, 모래 같은 곳을 밟고 다닐 수 있게 한다. • 어른과 어린이, 어린이와 어린이가 짝을 지어 그림책, 피리 종류, 커튼 같은 것으로 표 정을 풍부하게 하면서 놀게 한다. • 손가락을 세밀하게 움직여 놀 수 있는 놀이를 많이 하게 한다.
12개월		
온몸 운동		〈자세〉 • 자리에서 바로 일어설 수 있다. • 일어서거나, 앉거나, 기거나, 여러 자세로 바꿀 수 있다. 〈이동 운동〉 • 목표물 쪽으로 발돋움한다. • 한 손을 짚고 걷는다. • 한 손에 물건을 들고 기어갈 수 있다. (한 손으로 길 수 있다.)
손 운동		• 조그만 물건을 엄지손가락과 집게손가락으로 쥔다. 나무 토막 장난감 같은 것을 손가락으 로 쥔다. • 두 손에 물건을 가지고 있어도 하나를 더 잡으려고 한다. • 물건을 통에 넣었다 꺼냈다 한다. • 물건을 높이 쌓아 주면 쓰러뜨리고 좋아한다. • 천을 씌워서 물건을 보이지 않게 해도 천을 들춰서 찾아 낸다.
말하기		〈표현 언어〉 • "맘마." "부, 부." 같은 소리를 물건에 맞춰서 낸다. 〈이해 언어〉 • 자기 이름을 부르면 알아듣는다. • "안 돼, 안 돼." 하고 야단치는 것을 안다. • "주세요." 하면 말한 사람 얼굴을 보고 내놓는다.
집단 생활	어른을 대할 때	• 찾아 낸 물건이나 갖고 싶어하는 물건을 감추면 손가락질을 하면서 달라고 한다. • "네." 하고 물건을 주고, "네." 하고 물건을 다시 돌려받는 것을 되풀이하기를 좋아한다.
	어린이를 대할 때	• 손을 내밀어 다른 아이가 갖고 있는 것을 빼앗으려 한다.

중심 활동		• "주세요." 하는 것을 알게 되고, 어른과 함께 물건이나 사람과 관계를 맺는다. • 어른 얼굴을 쳐다보고 물건을 손가락으로 가리킨다.
소중 하게 해야 할 활동	건강, 안전	• 잘 움직이고 돌아다녀서 층계, 현관, 목욕탕, 세탁기 같은 데서 생각지도 않은 사고가 날 수 있다. • 관심을 기울이는 것이 많아진다. 뜨거운 데 데지 않게 주의한다. • 몸이 약한 어린이는 특별하게 배려하고 대책을 세워야 한다.
	음식	• 낯선 음식, 늘 먹지 않던 음식은 먹지 않으려고 한다. • 아이에게 끌려다니며 먹이지 않고 마무리를 잘 짓도록 한다. • 먹는 양이 들쭉날쭉하기 시작하는데 너무 마음 쓰지 않아도 된다. • 숟가락으로 혼자 먹을 수 있게 가르친다.
	생활 습관	• 낮잠을 두 번 잔다. 자고, 먹고, 노는 것을 제대로 잘 하도록 한다. • 서둘러 하루에 한 번만 낮잠을 재우려고 하지 말고 푹 잘 수 있게 한다.
	놀이	• 손으로 노는 것을 즐거워할 수 있게 보여 준다. • 모래, 물, 흙, 밀가루, 점토 같은 모양이 바뀌는 소재를 써서 느낌을 즐기게 하고, 조이 거나 주무르거나 밀어 내는 놀이를 하게 해 준다. • 실내에서뿐만 아니라 나들이하면서 본 것, 바라는 것을 손으로 표현할 수 있도록 가르 친다. 풀이나 꽃, 작은 동물을 만져 보게 한다. • 어른이 중심이 되어 다함께 놀 수 있는 기회를 만든다.

한 살 어린이 보육 계획

소중하게 해야 할 활동

어른과 아이가 마음을 주고받는 놀이

어린이가 발달해 갈 때, 기능 하나에 얽매여 거기에만 마음을 쓰면 아이가 제대로 발달할 수 없습니다. 예를 들어, 빨리 소리 내어 말하게 하려고 말 거는 데만 힘을 기울인다면 어린이는 말을 잘 할 수 없습니다. 기능마다 서로 연관되어 있는 것을 생각하고, 전체 기능이 골고루 발달할 수 있게 이끌어야 합니다.

전체 발달을 생각하고 보육 계획을 세우기 위해서는 여러 방향으로 연구해야 합니다. 단순하게 기능을 따로따로 나누어 놓고, 이것도 중요하고, 저것도 중요하다고 생각하면 아이를 통일성 있게 키울 수 없습니다. 모든 기능은 연관되어 발달한다는 데 근거를 두고, 시기에 따라 어느 활동에 더 중점을 두어야 할지 생각하면서 계획을 세워야 합니다. 이렇게 한 시기에 다른 활동보다 먼저 중점을 두고 지도해야 할 활동을 '중심 활동'이라고 할 수 있습니다. 이 활동은 그 나이를 특징짓는 활동이고, 이 활동을 제대로 해야 '전체 발달'을 이끌 수 있습니다.

레온테프는 《어린이의 정신 발달》에서 중심 활동이란 "발달 단계에서 심리 과정과 인격의 특수성이 주요하게 바뀌는 것을 규정하는 활동"이라고 정의했습니다. 그리고 이 중심 활동이 바뀌면서 어린이의 발달 단계가 다음 단계로 넘어간다고 생각했습니다. 즉, 발달이 한 단계 높은 곳으로 옮아간다는 것은 중심 활동이 한 차원 높은 활동으로 바뀐다는 것입니다.

교육 활동에서 가장 소중하게 생각해야 할 활동을 그 시기의 중심 활동이라고 할 수 있습니다. 그러면 한 살 시기의 중심 활동은 어떤 것일까요?

엘코닌은 레온테프가 주장한 이론을 발전시켰는데, 《소비에트 어린이 심리학》에서 아이의 나이와 중심 활동을 다음과 같이 설명했습니다. 먼저 젖먹이 시기인 두 살 전까지 중심 활동은 '신나는 반응'으로 대표되는데, 이는 어른과 마음을 주고받는 활동입니다. 다음으로 두 살에서 네 살까지 대표되는 중심 활동은 '대상에 다가가는 행동'으로, 물건을 쓰임새에 맞게 쓰려고 하는 것입니다. 그리고 네 살에서 일곱 살까지 중심 활동은 술래잡기 같은 역할놀이이며, 초등 학교에서 의무 교육을 받아야 할 시기에는 공부가 중심 활동입니다.

이와 같이 엘코닌에 따르면 한 살 어린이 반에서 중심 활동은 어른과 마음을 주고받는 것입니다. 어른과 아이가 마주 보고 즐겁게 노는 것이 이 시기 아이가 발달하는 데 가장 중요한 활동이라고 생각해도 되겠습니다.

앞에서 살펴본 것처럼 아이의 능력에 맞추어 어른과 아이가 신나게 놀 때 아이는 온몸이 골고루 발달할 수 있습니다. 젖먹이 시기 전반기에는 얼러 주면서 아이의 반응을 이끌어 내면 아이는 몸과 손이 움직이고, 그러면서 온몸 운동 기능과 손이 제대로 발달해 갑니다. 소리 내어 웃기도 하고, 어른과 말을 나누려고 어눌하게 목소리를 내면서 서로 마음을 주고받으면 말이 발달하는 바탕이 마련됩니다. 그리고 젖먹이 시기 전반기에 어른이 살살 흔들어 주면 평형 감각이 한 단계 높아질 수 있는 능력이 쌓입니다. 그러나 아이의 머리가 심하게 흔들리지 않도록 조심해야 합니다. 말과 몸짓을 흉내내는 놀이도 말하는 능력을 제대로 발달시키는 데 중요한 몫을 합니다.

이와 같이 젖먹이 때 어른과 아이가 함께 놀면 아이는 전체 기능이 고루 잘 발달합니다.

또, 이처럼 젖먹이 시기에 중심 활동을 제대로 하게 하면 활동하려는 마음이 드높아지고, 다른 단계에서도 제대로 능력을 드러냅니다. 예를 들면, 젖먹이 시기 전반기에 이동 운동을 활발하게 하면 음식을 먹는 단계에서 '먹고 싶어하는 마음' 까지 일어납니다.

게다가, 놀이를 마음껏 할 수 있는 상황에서 놀이에 푹 빠져 즐겁게 놀면 잠도 깊게 잘 수 있고, 잘 때나 깨어 있을 때 쉽게 안정을 찾을 수 있습니다. 물론, 거꾸로 밥을 잘 먹고 잠을 잘 자면 생기가 넘치고, 어른과 잘 놀 수 있습니다.

아이의 능력은 언제나 여러 면이 서로 관계를 맺으면서 전체로 한 차원 높은 단계로 나아갑니다. 아이가 전체로 고루 발달하게 하려면 무엇을 중점에 두어야 하는지 늘 생각하면서 계획을 세워 나가야 합니다.

우리는 이와 같은 관점을 한결같이 내세우면서, 아이가 올바로 발달할 수 있는 보육 내용을 창조하기 위해 연구해 왔습니다.

그러면 한 살 어린이 반의 중심 활동인, 어른과 아이가 마주 보며 함께하는 놀이가 어떻게 바뀌어 가는지 개월 수에 따라서 살펴봅시다.

얼러 주기

젖먹이 시기 전반기에 나타나는 중심 활동은 '얼러 주기' 로 대표되며,

어른과 아이가 서로 마주 보며 즐겁게 노는 것이라고 할 수 있습니다.

앞에서 말한 것처럼 아이는 태어난 지 6~7주, 즉 1개월 반 즈음부터 '신나는 반응'을 하기 시작합니다. 어른이 얼굴을 들여다보며 얼러 주면 입을 크게 벌리고, 팔과 다리를 움직입니다. 이 때 아이가 웃는 것은 단순한 생리 작용이 아니라 사회화된 웃음입니다. 하지만 '신나는 반응'을 하는 무렵에 나타나는 이러한 반응은 어른 얼굴 전체에 반응하는 것이 아니라 어른 눈에 반응하는 것이라 생각합니다. 그러므로 요즈음에는 굳이 사람 얼굴이 아니라 검은 점으로도 이 반응을 불러일으킬 수 있다고 말하고 있습니다.

바우어는《젖먹이 시기》에서 이 사실에 대해 "어린 젖먹이 아기는 얼굴에서 특별한 뜻이 있는 부분에만 관심을 많이 기울이기 때문에 다른 부분이 모자라도 그것을 깨달을 만큼 종합된 주의 능력은 없는 것 같다."고 해석하고 있습니다. 그가 해석한 대로라면 아이가 태어나서부터 3개월쯤까지는 어른 얼굴에서 어린이에게 가장 중요한 부분은 눈입니다.

시모즈마 유키미는 신생아의 시각을 다음과 같이 설명합니다. "신생아는 20센티미터쯤 떨어진 곳에 있는 것, 눈 앞에 있는 것에만 초점을 맞출 수 있고, 아주 조금씩 수평으로 눈을 맞추어 그 자리에 있는 것을 따라가는 조건 반사를 할 뿐입니다. 그러나 보통 아이가 엄마 젖을 먹고 있을 때 이 20센티미터쯤 되는 곳에는 어머니의 얼굴, 더구나 어머니의 눈이 있습니다."(《장애 어린이의 발달과 의료》, 호리에 시게노부 글)

아직 시력이 전혀 없는 것 같은 신생아 때부터 어른이 아이를 안고 눈과 눈을 맞추는 것이 얼마나 중요한 일인지 이해할 수 있습니다. 아이가 신나게 반응하기 시작하면 그 때부터 얼러 주는 것이 아니라, 뚜렷하게 반응하지 않을 때부터 얼러 주면서 더욱 신나게 반응할 수 있도록 해 줍시다!

그리고 아이가 신나게 반응하기 시작하면 어른이 얼러 주는 것이 더욱 중요해집니다. 앞에서 말한 것처럼 젖먹이 시기 전반기에 얼러 주면 아이는 단순히 웃을 뿐만 아니라, 팔과 다리를 활발하게 움직이기도 합니다. 이렇게 반응하면서 몇 번이나 팔과 다리를 쭉 뻗으면 점점 신근의 힘이 강해져 굽히는 행동에서 펴는 행동으로 자세를 바꾸어 갑니다.

그리고 목을 가누고, 얼러 줄 때 소리 내며 웃기 시작할 무렵에는 웃으면서 손을 펴기도 하고, 쥐기도 합니다. 이렇게 하면서 손도 발달합니다. 이 때 제대로 얼러 주어 어른과 노는 것을 즐거워할 줄 알면 4개월 무렵에는 어른이 움직이는 데 눈을 맞추고 얼러 달라는 듯이 스스로 소리를 많이 냅니다.

이 시기에 어른이 제대로 넉넉하게 얼러 주지 않으면 나중에 표정 없는 아이로 자라기도 하고, 온몸을 활발하게 움직이지도 않고, 손도 제대로 움직이지 않아서 손으로 사물을 다루는 능력이 늦게 발달하기도 합니다.

발달이 어긋나고 늦은 아이는 "아기 때부터 얼러 주어도 별로 좋아하지 않았다." "순한 아이였다." "혼자 놓아 두어도 울지 않아서 손이 많이 가지 않았다." "얼러 주면 방긋방긋 웃지만, 마구 소리를 내며 많이 좋아하지는 않았다."는 경우가 아주 많습니다. 어떤 까닭 때문에 '신나는 반응'을 늦게 또는 약하게 하는 아이는 어른이 얼러 줄 때 반응을 잘 하지 않아서 점점 더 적게 얼러 주기 쉽습니다. 그 때문에 다음 단계로 제대로 발달하지 않는 것인지도 모릅니다.

앞에서 태어난 지 3개월 무렵에 목을 가누고 얼러 줄 때 소리 내어 웃으면, 아이는 웃으면서 팔을 뻗고 손가락을 편다고 했습니다. 손가락의 근육을 점점 잘 움직여 가는 것입니다. 이 시기에는 아직 스스로 장난감을 잡을 수는 없지만, 어른이 딸랑이처럼 소리나는 장난감을 쥐어 주면 잠깐씩 잡고 있을 수는 있습니다.

4개월 반 무렵부터 눈으로 보면서 손을 움직이는데, 어른이 얼러 주면서 장난감을 보여 주면 그것에 손을 뻗습니다. 젖먹이 시기 전반기에서도 4개월 무렵부터는 얼러 주면서 일부러 아이 손에 장난감을 쥐어 주면 좋습니다.

젖먹이 시기 전반기는 아직 손가락을 열심히 빨 때지만, 장난감을 쥐어 주면 손가락 대신 장난감을 빨면서 놉니다. 장난감 같은 물건을 많이 빨더라도 젖먹이 시기 후반기부터 점점 손가락을 빨지 않습니다.

흔들어 주기

젖먹이 시기 전반기에 아이는 '뒤집기'와 '기어다니기' 같은 이동 운동 능력을 익히고, 아주 활발하게 움직입니다. 스스로 활발하게 움직이면 어른과 놀 때도 크게 움직이는 것을 좋아합니다.

6개월 무렵부터 무릎 위에서 안고 "어이, 어이." 같은 말을 하면서 온몸을 위아래로 흔들어 주면 소리 내어 웃습니다. 입을 크게 벌리고, 침을 흘리면서 좋아합니다. 또, 아이를 옆으로 안아서 "흔들, 흔들." 하고 말해 주고, 온몸을 위아래로 흔들어 주는 것을 좋아합니다.

8개월 무렵에는 '비행기'를 태워 주면 정말 좋아하는 표정을 짓습니다. 9개월 무렵에 제대로 앉으면 목말 타는 것도 좋아합니다. 첫돌이 다가올 무렵에는 어른 둘이서 이불의 네 모서리를 잡고 아이를 태워서 가볍게 흔들어 주는 놀이도 좋아합니다. 이 때, 아이의 다리가 있는 쪽 이불을 잡고 있는 어른이 아이와 얼굴을 마주하고 놀아 주면 아이는 불안해하지 않고 즐거워합니다.

이렇게 흔들어 주는 놀이를 즐기면서 아이는 평형 감각을 익혀 갑니다. 흔들어 주면 중추 신경 안에 있는 뇌간이라고 하는 부분에 자극이 많이 가고, 뇌의 통합 기능이 높아진다고 합니다. 에어즈가 쓴《감각 통

합과 학습 장애》를 보면, 요즈음에는 장애 어린이를 치료할 때도 그물 침대나 기구를 이용해 흔들어 주는 것을 아주 중요하게 응용합니다. 어른이 자기 몸을 움직여 아이 몸을 흔들어 주면서 즐겁게 놀아 봅시다!

그러나 갑자기 너무 거칠고 험하게 흔들면 안 됩니다. 흔들어 줄 때 아이가 불안해하면 도움이 되지 않습니다. 아이가 익힌 능력에 맞추어 점점 크게 움직여 가야 합니다. 목을 제대로 가누는지, 등을 기대고 앉을 수 있는지, 허리로 앉을 수 있는지 따위를 살펴보고, 처음에는 가볍게 흔들어 주는 것부터 익숙해지도록 해야 합니다. 개월 수가 높아지고, 몸이 자리잡아 가는 데 맞춰 점점 크게 해 나갑시다!

또, 이 시기에는 아이가 자기 머리를 두 손으로 가볍게 두드리는 놀이처럼 어른을 간단하게 흉내내는 놀이도 좋아합니다. 이런 놀이는 곧이어 손으로 하는 놀이, 손가락으로 하는 놀이로 발전해 가는 중요한 놀이입니다.

말과 몸짓을 흉내내는 놀이

앞에서 말한 것처럼 9~10개월 무렵이면 아이는 말을 조금씩 알아듣습니다. 이름을 부르면 알아듣고, 어른이 "바이, 바이." "좋아, 좋아." "싫어, 싫어." 같은 말을 하면서 몸짓을 하면 그것을 흉내냅니다. "주세요." 하고 어른이 손을 내밀면 손에 가지고 있는 물건을 내주었다가 다시 빼앗아 가며, 그 뒤에는 완전히 내줍니다. 이렇게 말을 어느 정도 이해하면 어른과 아이가 마주 보고 놀 때 말하는 것을 좋아합니다.

이 무렵에는 어른과 아이가 "주세요." "네." 하면서 물건을 주고받는 놀이처럼 간단한 몸짓을 되풀이하며 노는 것도 아주 좋아합니다.

또, 10개월 무렵부터 어른이 손가락으로 가리키는 곳을 바라볼 수 있습니다. 공놀이를 하다 "공이 저기로 갔어요." 하고 손가락으로 가리키면 공을 쫓아서 기어갑니다. 이렇게 놀면서 아이도 스스로 어른 얼굴을 보면서 손가락으로 가리키는 능력을 익혀 나갑니다.

간단하게 손으로 하는 놀이도 합니다. '잼잼' '곤지곤지' 같은 것을 조금씩 흉내내면서 즐거워합니다.

이 시기에는 어른이 언제나 웃는 얼굴로 말을 걸고, 손가락으로 가리키며 무엇인가를 보여 주는 것이 가장 중요합니다. 가깝고 편한 어른이 웃어 주면 아이는 아주 편안하고 예쁜 얼굴로 방긋 웃습니다.

풍부한 이동 운동

젖먹이 시기 전반기에는 '뒤집기'를 익히고, 기어다니기의 네 단계인 '엎드려서 뒤로 기기' → '배밀이' → '손발로 기어다니기' → '높게 기어다니기'를 익힙니다. 엎드려 있다가 스스로 앉기도 하고, 그 반대로도 할 수 있습니다. 또, 짚고 일어서고, 잡으면서 걷고, 바닥에서 일어설 수도 있습니다.

이처럼 젖먹이 시기 전반기에는 늘 어른이 해 주는 대로 움직이다가 젖먹이 시기 후반기부터 스스로 자세를 여러 가지로 바꾸며, 옮겨 다닐 수 있습니다.

젖먹이 시기 후반기에 이러한 이동 운동을 풍성하게 하는 것도 중요합니다. 더구나 기어다니는 것은 걷기 전까지 중심이 되는 이동 방법인데 아이는 기어다니면서 목, 팔, 손, 등, 배, 다리, 발의 여러 능력을 키워가고, 꼿꼿하게 바로 서서 두 발로 걸을 수 있는 준비를 해 나갑니다. 앞장에서 말한 것처럼 걷는 것을 배우기 전에 제대로 마음껏 기어다닐 수 있어야 합니다. 보행기를 쓰지 말고, 아이가 자기 몸을 움직여 옮겨 다닐 수 있게 해 줍시다!

마비 같은 장애가 없는데도 기어다닐 때 손 모양이 나쁘면 그 까닭을 두 가지로 생각해 볼 수 있습니다.

하나는 너무 빨리 '뒤집기'를 한 경우입니다. 아직 펼친 손바닥으로 몸을 떠받칠 힘은 생기지 않고, 엎드린 채 주먹을 쥔 손과 팔꿈치로 몸을 떠받쳐 나갈 시기에 뒤집으면 엎드린 채 머리를 들고 가만히 있는 시간도 길어지고, 손도 조금만 움직입니다. 이렇게 되면 나중에 기어다닐 때 손바닥을 펴지 않는 경우가 많습니다.

다른 하나는, 젖먹이 시기 전반기에 어른이 얼러 주지 않아서 소리 내어 많이 웃지 못한 경우입니다. 이 활동을 적게 하면 젖먹이 시기 후반기에 손 모양이 나빠질 수도 있습니다.

기어다닐 때 손 모양이 나쁜 아이에게는 몇 가지를 하게 해 줘야 합니다. 첫째, 놀이를 많이 하고 소리 내어 많이 웃을 수 있게 해야 합니다. 둘째, 기어다닐 때 저항을 받을 수 있도록 기울어진 면 같은 곳을 기어오르게 해 줘야 합니다. 마지막으로, 손으로 사물을 많이 다룰 수 있게 손으로 하는 놀이를 많이 하게 하거나 장난감을 갖고 놀게 해야 합니다. 이러한 활동을 많이 해야 아이는 제대로 기어다닐 수 있습니다.

요즈음에는 높게 기어다니거나 바닥에서 바로 일어서는 것을 건너뛰는 아이도 많아지고 있는데, 나중에 제대로 걸으려면 이것을 건너뛰면 안 됩니다.

젖먹이 시기 후반기에 많이 옮겨 다니게 하려면 되도록 넓은 곳에서 움직일 수 있게 해야 합니다. 걷기 전부터 집 밖에서 옮겨 다니는 것도 아주 좋습니다. 그러면 넓은 곳에서 기어다니면서 높게 기어다니는 데 익숙해지고, 바닥에서 바로 일어설 수도 있습니다.

또한, 젖먹이 시기 후반기에 많이 옮겨 다니게 하려면 아이에게 활동하고 싶어하는 마음을 키워 주어야 합니다. 활발하지 않아서 적게 움직

이는 아이는 많이 기어다니지도 않습니다. 아이의 능동성을 높여 나가
도록 합시다. 그러기 위해서는 어른과 아이가 함께 놀 때, 아이가 하고
싶은 마음이 생기게 해야 합니다. 많이 얼러 주고, 흔들어 주고, 말을 하
면서 몸짓을 흉내내게 하고, 어른과 마음을 주고받으면서 물건과 사람
에 관심을 기울이도록 합시다. 사람과 물건에 대한 개념이 완전히 자리
잡으면 아이는 자기 손과 발을 움직여서 스스로 목표물이 있는 쪽으로
가려고 합니다.

아이에게 운동을 시킬 때는 '훈련'이 되지 않도록 해야 합니다. 아이
가 즐겁게 놀면서 하고 싶어하는 마음이 생기게 하고, 스스로 많이 움직
일 수 있도록 해 줍시다.

활동을 잘 하기 위하여

개인이 할 일과 집단에서 할 일

학교에 들어가기 전 시기에 있는 아이들은 같은 또래라도 태어난 달에 따라 능력이 아주 다릅니다. 발달 단계라고 하는 것도 다른 경우가 있습니다. 더구나 한 살 어린이 또래는 그 전형이라 할 수 있습니다. 아이가 태어날 때부터 아이를 키우는 보육 기관에서는 같은 또래인데도 아직 목을 가누지 못하는 아이부터, 무엇인가 잡고 옆으로 걸을 수 있는 아이까지 다양한 단계에 있는 아이를 볼 수 있습니다. 그럴 때는 연간 계획을 세울 때도 태어난 달에 따라 능력에 차이가 나는 것을 어떻게 배려하고, 단계마다 아이가 마주한 과제를 집단 속에서 어떻게 실현해 갈 것인지 잘 생각해야 합니다.

먼저, 젖먹이 시기에는 개월 수에 따라 그 시기에 익혀야 할 발달 능력과 중심 활동에 근거를 두고 어떻게 보육하는 것이 가장 좋은지 생각해야 합니다. 그리고 '개인차'를 이해해야 합니다.

'개인차'와 '개월 수 차'는 기본으로 다른 개념입니다. 같은 달에 태어났다 해도 아이에 따라 빨리 발달하기도 하고, 늦게 발달하기도 합니다. 또 아이에 따라 표정이 풍부하거나, 활발하거나, 순하기도 합니다. 이렇게 개인차가 있는 것이 당연하지만, 보육 과제를 정할 때는 여러 문제를 모두 개인차로 돌려 버리면 위험하기 때문에 주의해야 합니다.

개인차가 나타나는 것에는 그 나름대로 법칙이 있습니다. 예를 들면 순한 아기는 많이 얼러 주지 않아서 그럴 수 있고, 손가락을 많이 빠는 아이는 소리 내어 많이 웃지 않았거나 장난감을 가지고 많이 놀지 못해서 그럴 수 있습니다. 그 개인차에 근거를 두고 보육 과제를 알맞게 정해야 합니다.

한 살 어린이 보육에서 가장 중요한 것은 '개월 수 차'와 '개인차'를 바탕으로 아이마다 현재 익히게 하고 싶은 능력, 더욱 풍요롭게 되길 바라는 능력 따위를 분명히 정하고, 그 다음에 활동을 하면서 중점을 두고 넘어서야 할 과제를 뚜렷하게 정하는 것입니다.

한 살 시기에는 어른과 관계 맺는 것이 아주 중요하다고 할 수 있습니다. 이 때 어른이란 어머니가 아니라 가깝고 친한 어른이라는 뜻이기 때문에 교사도 포함됩니다.

한 살 어린이 반에서 중심 활동은 어른과 아이가 마음과 몸을 마주 하여 즐겁게 노는 것입니다. 그렇기 때문에 한 살 어린이를 키울 때는 나이가 다른 아이를 키울 때보다 아이 하나하나와 관계 맺는 시간이 많아야 합니다. 더구나 많이 울지 않는 순한 아이한테는 관심을 많이 기울이지 않을 수 있으므로, 아이마다 잘 놀았는지 늘 되돌아보아야 합니다.

한 살 어린이 집단은 아이가 스스로 다른 아이와 관계를 맺고, 아이들끼리 관계를 맺는 것보다는 다른 아이와 함께 놀면서 어른하고도 서로 관계를 맺을 수 있어야 합니다. 그리고 어른이 중재자가 되어 아이들이 관계를 맺으면서 사람 관계를 풍성하게 익혀 나갈 수 있도록 해 줘야 합니다. 다시 말하면 '아이 → 어른 ← 아이'의 관계를 맺어야 합니다.

또한 한 살 어린이를 키울 때 중요한 것은 밥을 먹게 하고, 똥오줌을 누게 하고, 건강과 안전을 살피는 것입니다. 그러나 아이의 발달 과제와 교사의 보육 과제를 평소에 확인하지 않으면 자칫 날마다 그런 것들을 보살피는 데만 매달릴 수 있습니다. 보육 활동은 하루하루가 지나고 난 뒤에 "아기가 바뀌었네." 하면서 아이가 발달한 흔적만을 따라가는 게 아니라, 아이의 발달보다 한 발 앞을 내딛어 '앞을 내다보면서' 실천해 나가는 것입니다.

생활 습관을 바르게

교육 현장에서 "요즈음 어린이들은 아무래도 이상하다."는 말들이 나오고 있습니다. 자세가 좋지 않은 아이, 온몸 운동을 제대로 못 하는 아이, 손가락으로 사물을 잘 못 다루는 아이, 건강이 좋지 않은 아이, 생각하고 판단하는 데 문제가 있는 아이들이 늘어난다고 걱정합니다. 다다키 다테오는 가와카미 야스이치가 엮은 책 《어린이의 마음과 몸》에 쓴 '가미야하기 마을에서 어린이의 몸과 마음을 조사한 데 대하여' 란 글에서 일본 어린이들의 체력이 떨어졌다는 말이 나온 것은 1960년대이고, 어린이들이 손가락으로 사물을 잘 다루지 못한다는 말이 나온 것은 1970년대 들어와서부터라고 말하고 있습니다.

학교에 들어가야 하는 시기에 있는 어린이에게도 걱정스런 상황이 나타나고 있습니다. 자세가 바르지 못한 아이가 눈에 띄고, 앉았을 때 등이 굽어지는 아이, 금세 엎드려 자는 아이, 어른이 될 때까지 다리가 둥글게 휘거나, 가위 모양인 아이들이 있습니다. 이러한 어린이들은 자세를 받쳐 주는 항중력근을 비롯해서 온몸의 근력이 약해져 있습니다. 온몸 운동도 잘 하지 못합니다. 잘 넘어지는 아이, 넘어질 때 얼른 손으로 바닥을 짚고 몸을 떠받치지 못해 머리나 얼굴에 상처를 입는 아이들은 문제가 있습니다.

손가락으로 사물을 다루는 데도 문제가 나타납니다. 젓가락을 잘 못 쥐는 아이, 세 살인데도 손가락으로 둘을 표현하지 못하는 아이, 세 살 중반에도 셋을 표현하지 못하는 아이, 네 살에도 엄지손가락과 새끼손 가락으로 '여우 모양'을 만들지 못하는 아이들은 손끝이 섬세하게 움직 이지 못한다고 할 수 있습니다.

끈을 매거나, 물걸레를 짜는 능력을 기르지 못하고 초등 학교에 들어 가는 아이도 늘어나고 있습니다. 어린이집이나 유치원에서도 아침부터 하품을 하는 아이와 단단한 것을 잘 먹지 못하는 아이들을 많이 볼 수 있습니다.

이러한 문제는 주로 다음과 같은 까닭 때문에 생깁니다. 하나는 생활 습관이 흐트러져서 건강하게 생활하지 못하기 때문이고, 또 다른 하나 는 한 살 젖먹이 때부터 운동을 제대로, 많이 하지 못했기 때문입니다. 그렇기 때문에 어린이가 건강하게 자라고, 제대로 발달할 수 있으려면 젖먹이 때부터 한 시기마다 중심 활동을 제대로, 마음껏 할 수 있어야 합니다. 아울러 평소에 생활 습관을 바르게 키워 나가야 합니다.

어린이가 제대로 발달하기 위해서는 건강이 가장 중요합니다. 여기에 서 말하는 건강은 단순히 병을 앓지 않는다는 뜻이 아니라, 호르몬이 분 비되고 그것과 관련되는 자율 신경이 순조롭게 움직인다는 뜻입니다.

건강 문제와 생활 습관은 깊은 관계가 있습니다. 젖먹이 때부터 생활 습관을 바르게 키워야 어린이는 제대로 발달할 수 있습니다.

먼저 식생활을 풍성하게 해야 합니다. 어린이는 단순히 몸을 움직이 고 성장하기 위해 에너지를 공급받는 것이 아닙니다. 어린이 몸에서도 가장 영양이 많이 필요한 곳은 중추 신경, 그 가운데서도 대뇌입니다. 그리고 중추 신경이 발달하는 것과 관련해 곤도 도시코는 《어린이의 음 식과 건강》에서 "한평생을 놓고 볼 때 세 살까지는 영양이 가장 중요한 시기"라고 말하기도 했습니다. 이러한 점을 생각한다면, 영양에서 바탕이 되는 음식은 어린이 발달에서 빼놓을 수 없는 것입니다. 한 살 시기에는 엄마 젖을 먹고, 이유식을 먹은 뒤 밥을 '먹는 능력'도 익힙니다. 어린이가 영양을 골고루 섭취하고 미각이 제대로 발달하도록 풍성하고 규칙에 맞는 식생활 습관을 길러 줘야 합니다.

또, 똥오줌도 제대로 누게 해야 합니다. 변비에 걸리거나 설사를 하지 않도록 건강한 버릇을 길러 줘야 합니다. 아울러 잠도 규칙 있게 자도록 해 줘야 합니다. 밤늦게까지 자지 않아서 늦잠을 자거나, 아니면 낮잠을 많이 자거나 해서 밤잠을 설치면서 울지 않도록 해야 하겠습니다. 아침마다 정해진 시간에 눈 뜨고 일어나는 버릇을 들이게 하여 '생체 리듬에 맞는 생활 리듬'을 키울 수 있게 해야 합니다.

이처럼 올바른 생활 습관을 들이는 게 중요하기 때문에 어린이집에서 돌보는 것만으로는 어린이를 제대로 발달하게 할 수 없습니다. 어린이의 생활 전체를 눈여겨보고, 어떻게 하면 날마다 어린이가 풍성하게 생활할 수 있을지 생각해야 합니다. 그리고 어린이의 생활을 풍성하게 이끌기 위해 어린이집에서 해야 할 일을 분명히 하고, 보육 내용을 풍성하게 창조해 가야 합니다.

교사와 부모가 서로 도와서

어린이가 풍성하게 생활하게 하려면 아이의 집과 어린이집이 함께 해야 합니다. 교사는 어린이에게 문제가 나타나면 "이 아이는 집에서 제멋대로여서……." "집안이 ……하니까 ……하다."는 식으로 그 원인을 모두 집안 탓으로 돌리면 안 됩니다. 아이를 키우면서 가장 중요하게 생각해야 하는 것은 어린이가 생활하는 하루 스물네 시간을 제대로 구성하는 것입니다.

어린이는 어린이집 활동만으로 풍성하게 생활할 수 없습니다. 당연히 집에서도 함께 해야 합니다. 어린이를 중심에 두고 어린이집과 아이의 집에서 맡은 일을 잘 해내려면 두 곳이 서로 이야기를 나눠야 합니다. 그리고 지금 어린이에게 가장 중요한 것은 무엇인지, 그것을 위해서 어린이집과 집에서 할 일은 무엇인지 분명하게 해야 합니다.

어린이집에서는 다음 몇 가지를 중요하게 생각하고 해야 합니다.

첫째, 어린이집에서 아이의 집에 바라는 일들을 무조건 강요하지 않아야 합니다. 할 일만 던져 주고, 그것을 제대로 했는지 안 했는지 점검만 해서는 아이의 집과 서로 힘을 모으고 있다고 할 수 없습니다. 그 일이 왜 중요한지 아이의 집에서 이해하도록 하는 것이 가장 중요합니다.

둘째, 가정과 함께 할 때는 부모가 생활하는 모습과 걱정거리를 잘 들어주고 받아들이면서 서로 머리를 맞대야 합니다. 밤늦게까지 자지 않는 아이가 있다고 합시다. 이럴 때 교사는 보통 "아이가 일찍 자고 일찍 일어나게 해 주세요." 하고 부모에게 이야기합니다. 하지만 이럴 때는 늦게 자면 아이가 발달하는 데 어떻게 방해가 되는지 잘 설명하고 이해시켜야 합니다. 어린이가 일찍 자고 일찍 일어나게 하려면 부모 생활도 바뀌어야 합니다. 그럴 때 부모는 흔히 집안 사정을 대며 어설프게 변명합니다. 사실 맞벌이를 하면서 아이를 키우면 시간 여유가 없습니다. 그렇지만 부모가 변명하는 말을 듣고 금세 "그러면 무리지요." 해 버리면 아이를 제대로 키울 수 없습니다. 교사는 부모가 살아가는 모습을 이해하면서, "그래도 이렇게 해 본다면……" 하고 자세하게 상담해 나가야 합니다. 어린이를 위해서 좀 더 잘 할 수 있는 일이 조금이라도 있을 것입니다.

또 아이가 어린이집에서 지내는 모습을 아이의 집에 전할 때도 여러 상황을 잘 배려해야 합니다. 집과 연락할 때는 알림장을 많이 씁니다.

그 알림장에는 "오늘 ○○는 이런 일을 했습니다." 하고 어린이가 행동한 것을 있는 그대로 기록해야 합니다. 하지만 이것만으로는 제대로 했다고 할 수 없습니다. 어린이가 행동한 것을 교사가 어떻게 받아들이고, 어떻게 지도했는지를 전해야 합니다. 더구나 좋지 않은 사실을 전하거나, 문제점을 지적할 때는 더욱 그래야 합니다. 앞으로 어떻게 하면 좋을지 잘 모르겠다는 투로 전하면 부모는 불안해하므로 함께 힘을 모을 수 없습니다.

교사는 평론가가 아닙니다. 실천가입니다. "어린이집에서는 이렇게 지도하고 있습니다. 집에서도 이렇게 할 수 있도록 노력해 주시면 좋겠습니다." 하고 어린이집과 집에서 맡은 일을 분명히 하면서 어린이가 살아가는 모습을 전해야겠습니다.

두 살 어린이 세계를 내다보며

한 살 시기에 노력하여 얻은 능력이 어떻게 해서 두 살 시기에 익혀야 하는 능력으로 이어지는지 생각해 봅시다. 보육은 늘 아이의 앞날을 내다보며 실천하는 것입니다.

발달 나이에서 두 살 무렵을 맞이하는 시기는 젖먹이 시기에서 유아기로 눈에 띄게 발달해 가는 시기입니다. 그리고 사람으로서 지녀야 하는 기본 특징이 뚜렷해지는 시기이기도 해서 사람에 따라서는 '사람답게' 바뀌는 시기라고 평가하기도 합니다.

두 살 시기에는 먼저 사람의 기본 특징 가운데 하나인 꼿꼿하게 바로서서 두 발로 걷는 능력이 생깁니다. 다시 말해, 스스로 일어서서 두 발로 걸을 수 있습니다. 그러나 이 때는 엉덩이가 뒤로 튀어나와 있고, 무릎도 약간 굽어 있습니다. 걸을 때도 몸을 조금 앞으로 굽히고, 손을 위로 올려서 균형을 잡으면서 걷습니다. 말하자면 '아장아장 걷기' 시작합니다.

두 살 중반 무렵에 균형을 잡던 손이 밑으로 내려가면 걸음걸이도 안정되어 갑니다. 하지만 아직 꼿꼿하게 두 발로 서서 발바닥 반동을 이용하여 뒤꿈치와 발끝으로 걸을 수는 없습니다. 확실하게 걸으려면 좀 더

기다려야 합니다. 두 살 무렵에는 꼿꼿하게 바로 서서 두 발로 걷기 위한 첫 준비로 '서는 것'과 '걷는 것'을 배우고 점점 익숙해져 갑니다.

또, 사람한테 있는 기본 특징인 '손으로 하는 노동'도 이 시기부터 점점 싹트기 시작합니다. 두 살 중반 무렵에는 어떤 물건을 본디 그 물건을 사용하는 방법대로 활발하게 다루고, 물건에 손을 댑니다.

예를 들면, 젖먹이에게 숟가락을 쥐어 주면 빨거나, 탁자를 치거나, 내던져 버립니다. 숟가락을 본디 사용법대로 다루지 못하는 것입니다. 하지만, 두 살 중반 무렵에는 음식을 흘리면서도 숟가락으로 먹을 수 있습니다. 장난감을 갖고 놀 때도 같은 모습이 나타납니다. 나무 토막 장난감을 갖고 놀게 하면 젖먹이 때는 보통 나무를 핥거나, 물건을 두드리거나, 내던지는데 두 살 무렵에는 나무 토막을 쌓고 무너뜨리거나, 옆으로 늘어놓으면서 놉니다.

물건을 본디 사용법대로 다루고, 물건에 손을 대면서 간단한 도구도 다루고, 손을 움직이는 차원이 한결 높아집니다.

사람의 기본 특징 가운데 두 살 시기에 또 익히는 능력은 말입니다. 말을 가르치는 것은 두 살 어린이를 키울 때 커다란 과제입니다. 세 살 무렵에 간단한 말을 할 수 있는데, 두 살 시기에 한 문장을 익히고 두 문장을 익히면서 천천히 발전해 나갑니다.

이처럼 두 살 시기에는 사람에게 나타나는 기본 특징을 하나하나 배워 갑니다. 꼿꼿이 서서 두 발로 걷고, 손으로 노동을 하고, 말을 하기 시작합니다. 그러므로 두 살 어린이를 키울 때 해야 할 과제를 살펴보면 한 살 어린이 반에서 중요한 활동을 제대로 해야 한다는 것을 알 수 있습니다.

이미 말한 것처럼, 한 살 시기에 중심 활동은 어른과 아이가 마주 보고 서로 마음을 나누는 것입니다. 그리고 개월 수가 높아지면서 어른이 얼러 주고 흔들어 주면서 아이와 어른은 서로 점점 더 마음을 나누고, 아이는 더욱 차원 높게 어른이 하는 말과 몸짓을 흉내내는 놀이를 하는 단계로 발전해 나갑니다. 이러한 놀이들을 하면서 아이는 사람과 관계 맺기 위한 기본 능력을 몸에 익혀 나갑니다. 이것은 앞으로 집단을 이루고, 말이 발달하는 것으로 이어지는 중요한 힘입니다. 한 살 시기에 어른과 즐겁게 많이 놀아 보면 두 살 시기에 다른 아이한테 관심을 많이 기울이고, 어른을 중재자로 삼아 다른 아이와 활발하게 관계를 맺습니다. 그리고 이어서 아이들끼리 활발하게 관계를 맺어 갑니다. 이와 같이 집단을 이루는 능력이 생기면 아이는 말을 하기 시작합니다.

또, 앞에서 살펴본 것처럼 눈과 손이 어우러지기 시작하는 무렵부터 아이는 어른과 함께 장난감을 가지고 노는 것을 좋아합니다. 그리고 스스로 적극 나서서 여러 가지 물건에 손을 대기 시작합니다. 손이 활발하게 움직이면 손으로 노동하는 것으로도 이어집니다.

한 살 시기에 뒤집고 기어다니는 것은 두 살 때 꼿꼿이 서서 두 발로 걷기 위해 준비하는 당연한 활동이라고 할 수 있습니다. 젖먹이 시기에 마음껏 기어다닌 아이는 빨리 걷습니다. 많이 기어다니지 못했거나, 제대로 기지 못했으면 걸어도 잘 넘어지거나, 넘어지는 순간 땅바닥에 손을 대어 몸을 떠받치기 어렵고, 발바닥이 늦게 만들어질 수 있습니다. 두 살 시기에 꼿꼿이 서서 두 발로 걷기 위해서도 한 살 시기에 마음껏 뒤집고 기어다니면서 움직여야 합니다.

3

한 살 어린이를 돌볼 때

건강과 안전

이유식

생활 습관

놀이

건강과 안전

건강

십 수년 동안 걸어온 보육의 발자취 속에서 출산 무렵부터 실천해 온 집단 보육은 유아기 아이들에게 나타나는 건강 문제를 연구하면서도 평가할 수 있습니다. 핵가족 시대가 되면서 집안에서 아이를 키워 온 경험이 이어지지 않아서 아기가 병에 걸리지 않게 건강 관리를 하는 문제만으로도 고민하는 어머니가 늘고 있습니다. 그래서 지금은 집단 보육이 뛰어나고 활발하게 움직인다는 것을 누구도 부정하기 어렵습니다. 어머니들이 "아기 때는 잘 아프고 부모도 아이도 고생이었지만, 그래도 직장을 그만두지 않아서 다행이었다!"고 눈을 빛내면서 뿌듯해하는 모습은 이 역사 속에서 거둔 성과라고 할 수 있습니다.

그러나 유아 보육은 위험하다고 하던 시대를 넘어 집단 보육은 뿌리 내렸지만, 오늘날의 집단 보육은 이전과 달리 건강에 대한 문제를 안고 있습니다. 집단으로 아이를 키우면 이로운 점이 많다고 하지만, 부모들은 많든 적든 현재 유아 보육의 문제점을 안고 가는 어린이집에 아이를 보냅니다. 집에서 아이를 키우는 것과 집단으로 아이를 키우는 것이 제대로 결합하려면 서로 노력하고 도와야 합니다.

집단으로 키우면 아이가 유행성 질병에 걸리기 쉬운데, 오늘날의 빈곤한 보육 행정 속에서는 시설과 사람이 모자라 보건 문제에 끊임없이 어려움이 생길 것입니다. 또, 맞벌이 부부는 아이가 아프다고 해도 직장에 나가야 하고, 날마다 바쁘고, 아이를 맡아 줄 어린이집은 별로 없어 집에서 멀리 떨어진 어린이집에 아이를 데리고 가야 합니다. 지금 아이가 처해 있는 상황을 제대로 알고, 아주 세밀하게 배워야 아이가 건강하게 자랄 수 있습니다.

여기에서는 개월 수에 따라 나타나는 특징을 큰 줄기로 강조하면서 이 문제의 핵심을 정리해 보겠습니다. 건강이 보육의 기초를 뒷받침하는 중요한 바탕이라는 데 근거를 두되, 아이마다 성장, 발달하는 데는 큰 차이가 있으므로 지나치게 세밀한 부분에는 얽매이지 않고 다루어 보겠습니다.

여러 아이를 같이 돌볼 때

집단 보육에서 건강 관리를 할 때는 부모, 어린이집 교사와 간호사, 의사가 서로 지식과 지혜를 나눌 수 있어서 좋습니다. 요즈음에는 핵가족이 늘어서 집안에서 아이를 키우는 것이 오히려 더 힘들 때가 있을 정도입니다. 그러나 집단 보육에서는 위에서 말한 부모, 어린이집 교사, 의사가 아이의 건강 상태를 확실하게 살피고, 아플 때 대응하고, 질병을 예방하고, 건강한 몸을 만드는 데 의견을 나누어 정리하면서 아이를 만나야 합니다. 연간 계획을 짤 때 공부와 모임 계획을 많이 넣읍시다.

간호사와 보건사가 없는 어린이집에서는 건강 문제를 담당하는 교사를 반드시 정하여 해마다 일어나는 사고나 질병에 대해서 기록하고, 성과와 반성할 점을 정리해 가야 합니다. 이렇게 하면 부모도 아이의 건강 문제를 깊이 이해하고, 또 이런 실천 성과가 아직 잘 나와 있지 않은 어린이 의학을 발전시켜 나갑니다.

특징과 주의할 점

한 살 어린이에게는 다음과 같은 특징이 나타납니다.

첫째, 한 살 어린이는 눈부시게 성장, 발달하고 개인차도 큽니다. 또, 엄마 몸에서나 출생 전후에 받은 영향이 강하게 남아 있기도 합니다.

둘째, 계절, 온도, 빛, 소리, 둘레에 있는 어른의 태도까지 포함하여 환경에서 영향을 받기 쉽습니다. 저항력이 약해서 감염이 잘 되고, 자주 질병에 걸립니다.

셋째, 위험할 때 스스로 몸을 지킬 수 없고, 말로 표현할 수 없습니다.

이러한 점들을 생각하면서 한 살 어린이의 건강을 돌볼 때 기본으로 삼아야 하는 것을 정리해 보겠습니다.

먼저, 체질, 질병, 장애, 그때 그때의 건강 상태처럼 아기에게 나타날 수 있는 건강 문제를 잘 살피고, 특별히 주의를 기울입니다.

둘째, 아이의 환경을 정리하고, 깨끗하고 따뜻하게 보살핍니다. 생활이 조금만 바뀌어도 한 살 어린이는 피곤해지기 쉽다는 것을 마음에 새기고 세심하게 살펴야 합니다.

셋째, 날마다 돌봐도 젖먹이 아기는 갑자기 몸 상태가 바뀔 수 있고, 아프다고 해도 꼭 열이 나거나 기침을 한다고 단정할 수 없기 때문에 전체 상태가 어떤지 잘 살펴야 합니다. 기분 좋아 보이는지, 피부색은 어떤지, 땀이 나오는지, 몸짓과 자세는 어떤지, 둘레에 관심을 기울이는지, 이런 것들이 평소와 다르지 않은지를 더구나 잘 관찰해야 합니다. 그래서 보육실은 교사가 아이를 한눈에 볼 수 있게 정비해 놓아야 합니다.

넷째, 젖먹이 아기는 탈수를 일으키기 쉬우므로 수분을 잘 공급해야 합니다. 어른은 하루에 몸에 있는 수분의 칠분의 일이 들어가고 나온다고 하는데, 어린아이는 하루에 반 정도가 들어가고 나옵니다. 조금 먹고 물을 적게 마시는 아이는 작은 까닭으로도 수분과 염분의 균형이 깨지고, 몸의 기능이 작용하지 않는 탈수 상태가 되기 쉽습니다.

탈수를 피하기 위해서는 엄마 젖이나 보리차, 과일즙, 수프 같은 음식을 주고, 몸에 필요한 수분(몸무게 1킬로그램에 100~120밀리미터)을 자주 섭취할 수 있도록 합니다. 더구나 열과 기침이 나고, 토할 때 이렇게 하지 않으면 단순한 감기인데도 온몸 상태가 나빠지고, 입원까지 할 수도 있습니다.

안전

일본에서 1981년에 조사한 통계 자료를 보면 요즘 젖먹이 아기가 사망하는 원인 가운데 세 번째에 해당하는 것이 뜻하지 않은 사고사라고 합니다. 그 가운데서도 질식사가 많습니다. 목욕 수건이나 이불, 아이가 토해 낸 것들이 원인이 될 수 있는데 아직 목을 제대로 가누지 못하는 시기이거나 아플 때는 아기가 엎드려 있을 때도 잘 살펴보아야 합니다. 아기가 자고 있으니까 괜찮다고 여기지 말고, 자고 있을 때는 긴장이 떨어지기 때문에 상태가 갑자기 바뀔 수 있다고 생각해야 합니다. 3개월 무렵에는 무심코 몸을 뒤집다가 자주 침대에서 떨어지기도 합니다.

태어난 지 2개월부터 5개월에 걸쳐서 나타나는 증상으로 '유아 돌연사 증후군'이라는 것이 있는데, 학계에서 그 근본 원인을 밝히려고 연구하고 있습니다. 유아 돌연사 증후군이란 '유아가 그 때까지 건강 상태나 병력으로 보아 죽는다고 생각할 수 없었는데 느닷없이 죽는 증상'입니다. 5개월 전반기에는 침대에서 몸을 뒤집다가 떨어지기도 하고, 침대 난간에 머리가 끼기도 하고, 위에 있는 물건을 잡아당겨 물건이 떨어져서 다치기도 합니다.

젖먹이 시기 후반기에는 활발하게 움직이기 때문에 높낮이가 다른 곳에서 떨어지기도 하고, 무엇이든지 입에 넣기 때문에 해로운 것을 잘못 마실 수도 있습니다.

한 살이 다 되어 가면 무엇에나 관심을 보이기 때문에 난로에 델 수도 있고, 세탁기나 목욕탕 같은 데 빠지기도 합니다. 뜨거운 것에 데었을 때는 수돗물로 덴 곳을 잘 식혀야 합니다. 약을 바르거나, 깨끗하지 않은 천으로 감싸면 안 됩니다. 물집이 생기면 병원으로 가는 것이 좋습니다.

말뜻도 점점 알아듣기 때문에 정말 위험한 것은 되풀이해서 가르쳐 줘야 합니다.

아기 방에 있는 침대 난간의 높이와 틈을 살피고, 난간을 위험하게 고정시키지 않았는지, 아기 방은 안전한지, 둥근 각에 머리를 부딪칠 염려는 없는지, 우유를 놓아 두는 선반 위에 올려 둔 기구들에 아기 손이 닿지는 않는지, 아기 방이 조금이라도 가려져서 교사가 보지 못하는 곳은 없는지, 교사가 아기 방에 한 사람도 들어가지 않는 시간대는 없는지, 유모차에 손이 끼지는 않는지 따위를 다시 점검합시다.

표 2 유아 사망 통계

1위	태어날 때 감염됨	3,636명(연간)
2위	태어날 때부터 이상 있음	2,927명(연간)
3위	뜻하지 않은 사고	588명(연간)
4위	폐렴, 기관지염	490명(연간)
5위	정체를 알 수 없는 미숙아	487명(연간)

자료 : 후생통계협회가 펴내는 《후생의 지표》 통계 자료로 만듦. (1981년)

태어나서 3개월까지 주의할 점

사람은 태어나자마자 바깥세상에 적응하려고 노력합니다. 보통 몸무게는 3킬로그램 안팎으로 태어나지만 그보다 큰 아이와 작은 아이, 난산으로 겨우 태어난 아이, 엄마 몸에서부터 이미 장애를 안고 태어난 아이, 엄마 몸에서 영양을 잘 공급받지 못한 아이, 더 거슬러 올라가서 유전에 따르는 문제가 있는 아이, 그 밖에 여러 가지 개인차를 가지고 이세상에 태어나는 아이들이 있습니다. 이 아이들은 온갖 힘을 다해 바깥세상과 싸워 나갑니다.

태어나서 1개월 무렵까지는 이렇게 태어날 무렵에 영향을 강하게 받아서 질병이 생기는데, 출산 휴가가 끝날 무렵부터는 점점 좋아집니다.(이 글을 쓴 시기에 일본 노동 기준법으로 출산 휴가는 6주일이고, 현재한국의 출산 휴가는 아이를 낳기 전과 낳은 뒤를 더해서 90일입니다. 옮긴이) 젖을 잘 먹는 아기나 엄마 젖이 풍부한 아기라면, 이 무렵에 몸무게가 태어날 때보다 한 배 반쯤 늘어나기도 합니다.

스스로 움직일 수 없는 이 시기에는 체온 조절도 잘 못 하고, 바깥세상의 온도에 영향을 쉽게 받기 때문에 실내 온도는 20도쯤으로 유지하는게 좋습니다. 아기는 몸에서 머리가 차지하는 비율이 크기 때문에 한겨울에는 바깥 바람으로 머리가 너무 차가워지지 않도록 해 줘야 합니다.

엄마 젖이 좋은 까닭

아직 젖 먹는 간격이 일정하지 않지만 점점 자리잡아 갑니다. 잘 먹는아이, 먹지 않는 아이도 확실하게 드러납니다. 어느 아기나 잘 토하는데, 심하게 토하는 아이는 자세나 몸 위치를 바꿔 주면 좋아질 수 있습니다.

엄마 젖이 좋다는 데 관심이 높아지면서 요즈음에는 맞벌이 부부도 엄마 젖을 냉동시켜 어린이집으로 가지고 옵니다. 이유식이 자리잡을 때까지 엄마 젖만 먹는 게 가장 바람직합니다. 이 시기에는 이종 단백질 인 우유와 분유를 잘 소화시키지 못하므로 우유나 분유를 주면 알레르 기성 체질이 될 수 있습니다. 대신 엄마 젖은 면역체가 들어 있어서 질 병에 걸리더라도 엄마 젖을 먹는 아이는 상태가 아주 나빠지지 않습니 다. 하지만, 직장 가까운 데 어린이집이 있어서 젖 먹이는 시간을 맞출 수 있다면 모르지만, 직장에서 엄마 젖을 냉동시킬 수 있는 시설이 없 고, 시간이 없으면 엄마 젖만 먹이는 건 어렵습니다.

감염에 약하다

3개월 무렵까지는 더구나 세균에 잘 감염되고, 감기에 걸리면 폐렴, 패혈증, 뇌막염 같은 중증 감염증을 일으킬 수 있습니다. 피부가 세균에 감염되어 수두나 홍역 같은 병에 걸리면 상태가 아주 나빠질 수 있기 때 문에 주의해야 합니다. 엄마 몸에 면역 성분이 없으면 백일해와 결핵으 로 이어질 수도 있습니다.

열과 기침 같은 증상이 뚜렷하게 나타나지 않으면서 증세가 나빠지기 도 하기 때문에 어딘가 힘이 없고, 울음소리가 약하거나 하면 작은 변화 도 놓치지 않고 살펴보아야 합니다.

3개월 무렵에 주의해야 할 병

목이 기울어지거나 잘 때 머리를 한쪽으로만 돌리는 증상 │ 목 근육에 응어리 가 있어서 머리가 기울어지면 한쪽으로만 목을 기울입니다. 목을 제대 로 가누지 못할 때는 단단한 도넛처럼 생긴 베개를 베고, 옆으로 기울지 않도록 하면 대부분 조금씩 좋아집니다. 옆으로 기울어진 채 놓아 두면 점점 머리통이 비뚤어지고, 심하면 얼굴의 좌우 균형이 깨질 수도 있습 니다. 심할 때는 정형 외과를 찾는 것이 좋습니다.

체머리 흔드는 증상 | 머리 뒷부분에 있는 뼈를 누르면 머리가 끄덕끄덕하는 증상을 체머리를 흔든다고 합니다. 뼈가 부드럽고 약하기 때문에 생기는 구루병의 초기 증상이며, 일광욕을 시켜야 합니다.

탈장 | 젖먹이 때는 음낭이나 외음부가 부어 있어도 저절로 낫기도 합니다. 그러나 장기가 본디 있어야 할 곳에서 벗어나 부어서 아파하면 위험합니다.

선천성 고관절 탈구 | 빨리 발견하면 수술을 하지 않아도 나을 수 있으므로 태어난 지 4개월 무렵에는 보건소에서 고관절 검진을 받아야 합니다.

습진 | 먼저 몸을 깨끗하게 해야 합니다. 엄마 젖을 먹일 경우는 어머니가 영양을 골고루 섭취하는지 점검해 주십시오. 심할 때는 전문의와 상담합시다.

토할 때 | 위의 입구가 좋지 않거나, 위의 출구가 좁거나, 공기를 삼키는 습관이 있으면 토하는데, 아기 몸무게와 기분을 잘 관찰합시다. 젖을 먹기 전이나 먹은 뒤에 몸의 위치나 자세를 잘 잡아 주면 토하지 않기도 합니다.

그 밖 | 늦게 발달하는 것을 점점 알 수 있는 시기로, 심장병 같은 선천성 질병이 이 무렵에 나타날 수 있습니다.

예방 접종

결핵 예방 백신(BCG)을 되도록 빨리 맞히고, 결핵 반응 검사도 해야 합니다. 일본에서는 이전과 견주어 결핵에 걸리는 비율이 줄어들고 있다지만, 1982년에 전국에서 새로 등록한 환자가 6만 3천9백4십 명이나 됩니다. 어릴 때는 모두 옆에 있는 어른한테서 옮아 결핵에 걸리는데, 결핵 예방 백신을 맞지 않으면 예방할 수 없습니다. 이 병에 걸리면 뇌막염과 같은 중증 결핵으로 발전하므로 반드시 예방해야 합니다.

몸 단련

3개월 무렵까지는 마음을 써서 알맞은 자극을 주어야 합니다. 순한 아이는 잘 자고, 크게 소리 내어 잘 울지 않으므로 잘 우는 아이에게만 손이 많이 갑니다. 재우는 것에만 마음쓰지 말고 마사지, 팔 다리 운동, 안아 올리기 같은 알맞은 운동을 시켜 줘야 합니다. 그러나 손을 너무 당기거나 하면서 자극을 강하게 하면 안 되므로 개월 수나 체질, 몸 상태에 맞추어 움직여 줘야 합니다.

초겨울에 태어난 아기는 어쩔 수 없이 햇빛을 많이 못 쬐기 때문에 마음써서 일광욕을 시켜 주지 않으면 구루병 초기 증상으로 발전하여 몸이 허약해집니다.

일광욕을 할 때 프로비타민 디(D)가 자외선을 받으면 비타민 디(D)가 되어 칼슘을 잘 흡수하고, 뼈가 자랍니다. 또한 피부가 바로 바깥 공기에 닿아 자율 신경이 잘 단련되고, 신진 대사가 활발해집니다.

아기 체조

아직 스스로 움직일 수 없는 시기에 체조를 시키면 근육이 단단해지고, 뼈도 잘 자랍니다. 또 체조로 자극을 알맞게 주면 정신 발달에도 좋습니다.

첫째, 아기의 손발을 억지로 움직이려고 하지 말고, 아기의 움직임에 맞추어서 합니다. 싫어하면서 울 때는 그만둡니다.

둘째, 목을 가눌 때까지는 마사지를 중심으로 가볍게 팔과 다리를 굽혔다 폈다 해 줍니다.

셋째, 일부러 시간을 내어 무리하게 날마다 하지는 말고, 기저귀를 갈 때와 일광욕을 시켜 줄 때 옷을 벗기고 가볍게 해 줍시다.

기어다닐 수 있거나, 설 수 있는 아이는 놀이할 때 아이가 좋아하는 몸짓을 하게만 해도 됩니다. '비행기'를 태우거나, 어른이 뒤에서 다리를 살짝 들고 아이가 팔로 몸을 떠받치게 하거나, 이불 위에서 구르게 하는 운동이 있습니다. 목을 가눌 때부터 기대지 않고 앉을 수 있을 때까지는 둘레에서 자극하는 것이 중요합니다.

그림 4 3~5개월 무렵에 하는 아기 체조

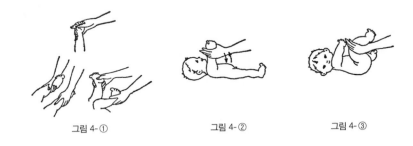

그림 4-①   그림 4-②   그림 4-③

- 아기 체조할 때 손발 쥐는 법(그림 4-①)
- 팔 운동(그림 4-②)

아기의 한쪽 팔을 쥐고 위로 똑바로 올립니다. 익숙해지면 두 팔을 같이 해 줍니다.

- 다리 운동(그림 4-③)

아기의 한쪽 다리를 쥐고 무릎을 굽혔다 폈다 합니다. 굽힐 때는 조금 세게 해 주고, 펼 때는 힘을 뺍니다.

- 아기가 위를 보고 누워 있을 때 하는 운동(그림 4-④)

반듯하게 누워 있는 아기를 천천히 잡아서 일으킵니다. 처음에는 팔을 잡고, 6개월 무렵부터는 아기가 손을 쥐게 하고 합니다.

- 뒤집기 운동(그림 4-⑤)

반듯하게 누워 있는 아기의 두 다리를 가볍게 쥐고, 오른발을 왼발 위로 가지고 가면 몸이 저절로 돌아갑니다. 양쪽 모두 해 봅시다.

- 손과 무릎으로 기어다니기 운동(그림 4-⑥)

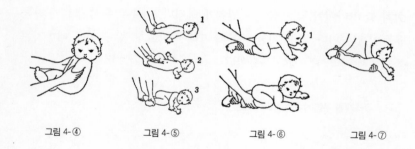

그림 4-④   그림 4-⑤   그림 4-⑥   그림 4-⑦

배밀이를 시킨 다음, 두 다리를 잡고 다리를 번갈아 굽혀 배 밑으로 무릎이 미끄러져 들어가게 합니다.

• 거꾸로 세우기 운동(그림 4-⑦)

배밀이를 하고 있는 아기의 두 발목을 오른손으로 잡고, 왼손을 배 밑에 넣고, 아기의 손은 바닥에 댄 채 다리 쪽을 살짝 들어올립니다.

5개월 무렵에 주의할 점

5개월 무렵에는 눈을 뜨고 있는 시간도 길어지고, 전체로 볼 때 표현력도 풍성해집니다. 아주 몸이 약하지 않으면 추위도 어느 정도 견딜 수 있어서 얇은 옷을 입혀도 괜찮습니다.

이유식을 시작한다

이 시기에는 음식을 씹을 수도 있고, 엄마 젖이 아닌 다른 음식도 조금씩 먹을 수 있습니다.

발육에서 개인차가 새롭게 나타나는 시기이기도 하므로 키나 몸무게가 균형이 잡혀 있는지 잘 살펴보아야 합니다. 표 3에 나오는 신체 발육 퍼센타일 곡선에 기록해 가면서 10퍼센타일이나 90퍼센타일에서 벗어날 때는 보건소나 소아과 의사에게 상담해 보아야 합니다. 젖먹이 시기 전반기에 비만이면 커서도 비만이 된다고도 합니다. 그러나 몸무게가 평균에 미치지 못하거나, 태어나자마자 중병에 걸린 아기는 발달이 아주 늦어지므로 당황하지 말고 경과를 살펴보아야 합니다.

이 시기에는 분유를 싫어하기도 하는데, 이럴 때는 억지로 먹이지 말고 이유식을 함께 먹이면 다시 분유를 먹습니다. 여기에서 소화와 흡수의 생리에 대해서 조금 살펴보겠습니다.

유아는 태어나서 일 년 동안 태어날 때와 견주어 몸무게는 세 배나 늘고, 키는 한 배 반이나 자랍니다. 엄마 몸 안에서는 태반에 연결되어 엄마 몸에 기대 살던 아기가 태어나면서부터는 스스로 숨쉬고, 자신의 소화 기관으로 소화하고, 똥오줌을 눕니다. 먹는 행동, 소화 기능, 배설 기능이 성장과 함께 발달해 가는 것은 중요한 부분입니다.

먹는 행동 | 태어날 때부터 2개월 무렵까지는 반사 작용으로 엄마 젖꼭지를 빨아서 그 자극으로 나오는 젖이 입 안에 가득 차면 반사 작용으로 삼킵니다. 또한 이 시기에는 조금 단단하고 굳은 물건을 입 안에 넣으면 혀로 밀어 내는 반사가 나타나는데, 태어난 지 4~5개월부터는 이 반사가 사라져 물건을 삼킬 수 있습니다. 이 때가 이유식을 시작하기에 알맞은 시기입니다. 이보다 빠르면 저항을 많이 하고, 또 너무 늦으면 제대로 지혜를 익힐 수 없습니다. 미각은 태어난 지 3개월 무렵부터 확실해집니다. 태어난 지 5개월 무렵부터는 씹을 수 있습니다.

소화 기능 | 침과 섞여 부드러워진 음식물이 위로 가면 위가 작용하여 음식물과 위액이 섞여 산성이 되고, 위산으로 살균되며, 소화 효소 때문에 뭉글뭉글한 액체가 됩니다. 음식물은 위 안에 몇 시간 동안 머물다가 천천히 십이지장으로 갑니다. 신생아 때부터 1개월 무렵까지는 자율 신경이 제대로 발달하지 않기 때문에 위가 약하게 작용하여 토하거나, 젖이 입 안에 넘쳐 삼키지 못할 때가 있습니다. 이럴 때는 젖을 먹인 뒤에

표 3 어린이 신체 발육 퍼센타일 곡선

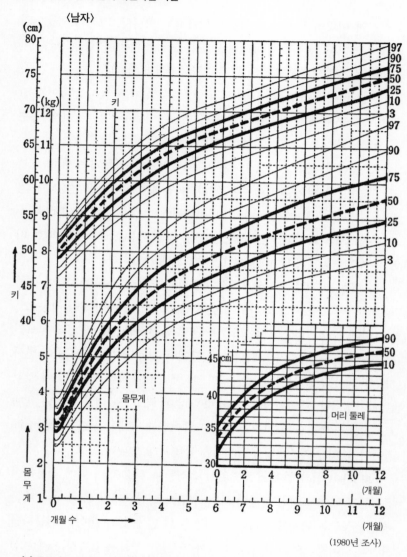

〈남자〉

(1980년 조사)

* 키와 몸무게를 나타내는 선은 밑에서부터 3, 10, 25, 50, 75, 90, 97로 퍼센타일 수치를 나타낸다.
* 머리 둘레를 나타내는 선은 밑에서부터 10, 50, 90으로 퍼센타일 수치를 나타낸다.

〈남자〉

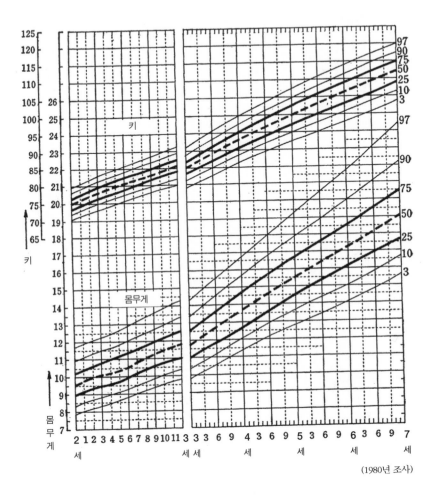

(1980년 조사)

* 키는 두 살 시기까지는 누워 있는 상태에서, 세 살 시기부터는 서 있는 상태에서 잰 것이다.
* 퍼센타일은 전체를 백으로 봤을 때, 작은 쪽에서 몇 번째인가를 나타내는 백분위 수다.

〈여자〉

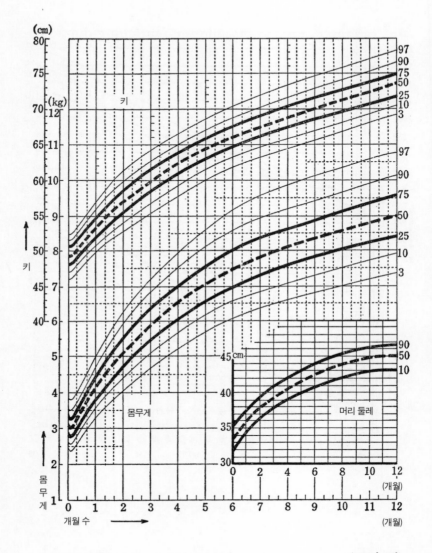

(1980년 조사)

〈여자〉

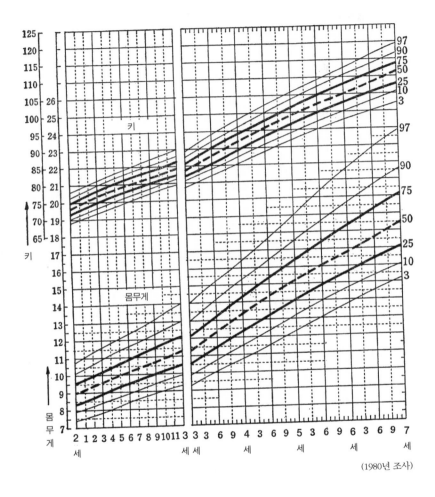

(1980년 조사)

오른쪽으로 눕혀 주면 좋습니다. 위 용량은 신생아 때는 30~40밀리리터, 3개월 무렵에는 170밀리리터, 두 살이 되면 450밀리리터쯤 됩니다.

위에서 넘어온 뭉글뭉글한 내용물은 간장에서 나오는 쓸개즙과 췌장에서 나오는 췌액이 섞이고, 녹말 분해 효소인 아밀라아제와 단백질 분해 효소인 프로테아제, 지방 분해 효소인 리파아제가 작용하여 분해됩니다. 이것들은 다시 작은창자에 있는 점막 상피 세포를 지나 혈액과 림프 안에 흡수됩니다. 쓸개즙은 지방과 비타민 에이(A), 비타민 디(D) 같은 지용성 비타민이 흡수되도록 도와 줍니다.

이런 효소 가운데 이당류 분해 효소는 신생아에게서도 활성화가 잘 되지만, 아밀라아제는 3~4개월에 겨우 어른의 삼분의 일에서 반 정도만 활성화된다고 알려져 있습니다. 프로테아제는 1개월 무렵에 작용한다고 합니다.

큰창자에서는 액체로 된 내용물에서 수분과 전해질을 흡수하여 찌꺼기만 남깁니다. 그리고 몸 안에 쌓인 노폐물은 폐와 신장이 주로 처리합니다. 젖먹이 아기는 성인과 견주어 몸을 구성하는 수분이 많고, 또 몸무게에 견주어 체표 면적이 넓어서 숨도 많이 쉬므로 수분을 많이 씁니다. 신생아는 수분이 하루에 몸무게 1킬로그램에 150밀리리터, 태어난 지 5~6개월에는 100~120밀리리터, 어른은 30~40밀리리터가 있어야 합니다. 그러니까 젖먹이 아기는 몸무게에 견주어 수분이 많이 있어야 합니다.

1950년대 전반에 고전해질 분유를 마시던 젖먹이 아기들이 여름에 고열이 나고 경련을 일으킨 적이 있습니다. 체액 가운데 나트륨과 쿨롬이라는 전해질이 너무 진해진 것이 원인이라고 밝혀지자 그 때부터 분유는 저전해질 분유로 바뀌었습니다.

수분을 많이 섭취해야 하고, 신장도 제대로 작용하지 못하기 때문에 이유식을 만들 때는 될 수 있는 대로 싱겁게 해야 합니다.

감기에 자주 걸린다

5~6개월 무렵에는 모체 면역이 떨어져서 감기에 걸리거나, 열이 오르면서 자주 아프기 때문에 어머니는 이 때 '직장에 계속 나갈 수 있을까.' 하고 마음 저려합니다. 더구나 이 때 처음으로 어린이집에 들어가는 아이는 자꾸 새로운 질병에 걸립니다. 아기가 목을 제대로 가누고 야무져 보이기 때문에 이전보다 밖으로 많이 데리고 나가는 것도 원인이 됩니다.

옛날부터 감기는 만병의 근원이라고 말해 오듯이, 감기는 다른 병으로 발전하기 전에 고치고 더 심해지지 않도록 조심해야 합니다.

자주 걸리는 병

감기가 심해지면 기관지염, 폐렴, 중이염, 뇌막염, 요로 감염증을 일으킬 수 있습니다. 열이 계속 나서 소변 검사를 해 보니 신우염 같은 요로 감염증에 걸렸다는 말을 자주 듣는데, 요로 감염증에 걸리면 이것은 소변 검사를 해야 알 수 있습니다.

장 중적 | 이 시기가 되면 림프 구조가 발달하기 때문에 감염으로 장 기관의 림프샘이 부어서 장의 일부가 다른 장 안으로 겹쳐 버리는 장 중적을 일으킬 수 있습니다. 장 중적이 되면 토하거나, 똥에 피가 섞이고, 갑자기 울음을 터뜨리면서 그치지 않습니다.

식이성 알레르기 | 여러 가지 음식을 먹기 때문에 습진 따위가 심할 때는 조심해야 합니다.

예방 접종

결핵 예방 백신(BCG)과 소아마비 예방 주사인 폴리오 생 백신을 맞혀야 합니다. 이럴 때는 이 책 100쪽에 나오는 '예방 접종을 하지 않아야 할 때'를 참조하십시오. 또, 결핵 예방 백신과 폴리오 생 백신을 맞힌 뒤에는 한 달쯤 다른 예방 주사를 맞힐 수 없습니다.

몸 단련

이 시기에는 여러 가지 까닭으로 바깥에서 오는 자극을 아주 좋아하기 때문에 적극으로 몸을 단련시킵니다. 얇은 옷을 입히고, 바깥 바람을 쐬게 하고, 일광욕을 시키고, 침대에만 눕혀 놓지 않고 마룻바닥에서 배밀이 따위를 하면서 놀게 하면 아기가 즐거워하면서 몸을 단련할 수 있습니다.

7~9개월에 주의할 점

6개월이 지나면 어른이 자잘하게 걱정하지 않아도 되며, 미숙아도 단점을 이겨 내고 잘 자랍니다. 이 시기에는 어떤 것을 기대하기도 하고, 불안해하기도 하고, 기억력도 발달하여 낮 생활이 밤까지 영향을 미쳐 자지 않고 우는 버릇이 생기기도 합니다. 그러므로 푹 자고, 잘 먹고, 똥오줌을 잘 누고, 재미있게 놀아야 정서가 안정되어 앞으로 자라는 데 밑거름이 됩니다. 갑자기 바뀌는 음식과, 갖가지 맛에 익숙해지도록 하는 것도 이 시기에 중요하게 핵심 목표로 삼아야 할 것들입니다.

먹을거리의 변화

9개월 무렵에는 어머니들에게서 "지금까지 이유식을 잘 먹었는데, 숟가락을 입에 갖다 대어도 먹으려고 하지 않아요." 하는 말을 자주 듣습니다. 숟가락으로 먹는 것은 싫어하면서, 바닥에 흘린 것은 곧잘 주워 먹기도 합니다. 손으로 집어 먹는 것을 좋아하고 숟가락을 쥐어 주면 좋아하지 않습니다. 아이가 하고 싶은 대로 하게 내버려 두고, 아이의 마음을 존중해 줍시다.

이 시기에는 우윳잔으로 마시는 것도 연습시키고, 밤에 먹이지 않으면서 젖 뗄 준비도 조금씩 해 나가야 합니다.

자주 아프다

정신 발달에 견주어 감염에는 아직 약합니다. 이 시기에는 밖으로 점점 많이 나가므로 여전히 자주 감기에 걸립니다. 다만 이 시기에는 유아기 전반기에 견주어 아플 때 증상이 확실하게 나타나므로 평소와 달리 몸 상태가 훨씬 나쁘지 않거나, 폐렴이나 중이염 같은 데 걸리지 않으면 놀라지 않고 일광욕과 목욕을 시켜서 좋은 체질을 만들어야 합니다. 그렇지 않으면 아이는 이 시기가 지나도 허약한 상태에서 벗어나지 못합니다.

단, 같은 감기라도 새로운 증상이 나타나는 감기에 걸렸을 때와, 항생물질을 먹고 있을 때, 초겨울부터 자주 아프고 거의 집에만 있는 아이가 한 겨울을 맞이할 때는 특별히 잘 살펴보아야 합니다. 감기에 걸렸는데 이전과 다른 새로운 증상이 나타나면 이 때부터 열이 날 수 있습니다. 또 항생 물질을 먹고 있을 때는 병이 심해도 열 같은 증상은 가라앉아서 건강해 보일 수 있습니다. 조금 따뜻하게 해 주거나, 여름 같은 날에는 갑자기 강한 햇빛을 쬐지 않도록 해야 합니다.

이 시기에는 질병과 편식으로 빈혈을 일으킬 수 있기 때문에 아주 약한 아이는 빈혈 검사를 받아서 치료해야 병이 나을 수 있습니다.

자주 아플 때는 무엇보다도 먹을거리에 균형을 잡아야 합니다.

이 위생

이가 나기 시작하는 시기는 아이마다 다른데, 이 시기부터 이를 깨끗하게 해야 합니다. 식구들이 아이에게 단 것을 주지 않도록 서로 잘 도와야 합니다. 유산균 음료는 더구나 나쁩니다. 또, 분유를 병에 넣어 자면서 먹으면 충치가 생깁니다. 칼슘을 많이 섭취하게 합시다.

예방 접종

결핵 예방 백신(BCG), 소아마비 예방 주사인 폴리오 생 백신을 아직 맞히지 않았으면 맞히십시오. 한겨울과 한여름은 피해서 맞히는 게 좋습니다.

현재 시행하고 있는 예방 접종과 그 시기는 표 4로 나타냈습니다. 예방 접종 계획은 개월 수, 계절, 둘레 상황에 따라 바뀔 수 있습니다. 소아과에 잘 알아보고 맞히는 것이 좋습니다.

- 결핵 반응 검사, 결핵 예방 백신(BCG) : 되도록 빨리 맞힙니다.
- 폴리오 생 백신 : 두 살까지 맞힙니다.
- 홍역 생 백신 : 두 살 중반에 바로 맞힙니다. 때에 따라서는 두 살부터 맞힙니다.
- 삼종 혼합 백신(DPT) : 세 살부터 맞힙니다.
- 유행성 이하선염 생 백신 : 두 살이 지나 맞히되, 다른 백신 맞히는 걸 배려해서 맞힙니다.

다른 백신을 맞힐 때는, 대체로 생 백신(결핵, 폴리오, 홍역, 유행성 이하선염, 감기)끼리는 면역 생성을 서로 방해할 수 있으므로 한 달쯤 간격을 두고 맞히는 것이 좋습니다. 불활성화 백신(삼종 혼합, 인플루엔자, 일본뇌염)은 이 주쯤 간격을 두어도 괜찮습니다. 부작용이 심하지 않으면 생 백신을 맞히고 한 달 뒤에는 불활성화 백신을, 불활성화 백신을 맞힌 뒤 이 주쯤 간격을 두고 생 백신을 맞힐 수 있습니다.

- 예방 접종을 하지 않아야 할 때
  ① 열이 날 때나 눈에 띄게 영양 장애가 있을 때.
  ② 심장 혈관계 질환, 신장 질환 또는 간장 질환을 앓고 있는 경우로

표 4 **예방 접종**

	3개월	6개월	두 살	세 살	네 살	다섯 살	여섯 살	일곱 살
비시지(BCG)								
유행성 소아마비								
디피티(DPT)				제 1기		제 2기		
홍역								
유행성 이하선염								
일본뇌염								
유행성 감기								

접종할 것을 권하는 기간
접종해도 좋은 기간

심하거나 또는 활동기에 있을 때.

③ 접종하려는 약에 알레르기를 일으키는 성분이 있을 때.(인플루엔자는 달걀 알레르기가 있는 아이에게 맞힐 때 주의해야 합니다.)

④ 접종하려는 약에 이상 반응을 일으킨 적이 있을 때.

⑤ 접종하기 전 일 년 안에 경련 증상을 일으킨 적이 있을 때.

⑥ 임신했을 때.

⑦ 설사하고 있을 때.

⑧ 그 밖에 예방 접종을 할 수 없는 상태에 있을 때.

두 살 무렵의 건강 문제

이 시기가 되면 아이마다 좋아하는 장난감이 생기거나 하면서 개성이 나타납니다. 걷는 아이도 있으며, 자지 않고 눈을 뜨고 있을 때는 아주

표 5 어린이집에서 자주 유행하는 전염병

병	잠복기	격리 기간
홍역	10 ~12일	열이 내린 뒤 약 1주일 동안.
수두	2~3주	모든 발진이 딱지가 될 때까지.
유행성 이하선염	2~3주	귀 밑에 부어오른 멍울이 가라앉을 때까지.
유행성 각결막염	5~7일	병이 난 뒤부터 열흘 정도. (증상에 따라서)
풍진	2~3주	발진이 없어질 때까지.
돌발성 발진	1~2주	열이 내리고 기운이 있을 때까지.
백일해	1~2주	6주 정도. (치료하기에 따라서 줄어들 수 있다.)
농가진		다 나은 뒤부터 이틀 동안 주의해야 함.
수족구병	3~7일	열이 내리고 발진이 거의 가라앉을 때까지.

활발하게 움직이기 때문에 많이 다치기도 합니다.

아기 식단을 완전히 벗어난다

음식에도 변덕을 곧잘 부리고, 억지로 먹이려고 하면 더욱 먹지 않으려고 합니다. 한두 달 전부터 젖 뗄 준비를 하면 괜찮지만, 밥을 불규칙하게 먹거나, 밤에 울어서 젖 먹는 데 길들여져 있으면 젖을 떼려고 해도 더욱 울며 보채기 때문에 밤에도 자꾸 젖을 주게 됩니다. 언제나 한밤중에 한두 번 일어나서 젖을 먹고, 그 때문에 밤에도 오줌을 자주 눠서 부모나 아이나 편안하게 잘 수 없습니다. 어머니가 마음먹고 젖을 떼면 며칠 동안 울며 보채지만 그러다 포기하여 밤에 젖을 찾지 않고, 아침에는 놀랄 만큼 많이 먹는다는 이야기를 자주 듣습니다.

체질과 감염에 대한 저항력은 약하다

정신 발달 면에서는 아기 단계를 졸업하지만, 체질이 허약하면 두 살 중반 무렵까지 이어질 수 있습니다. 더구나 겨울에 이 시기를 맞으면 겨울에 유행하는 코감기에 걸리거나, 감기 때문에 설사를 합니다. 초봄에는 홍역도 유행하므로 한 살 시기의 아이가 많이 다니는 어린이집에서는 전염병에 대처할 방안을 세워야 합니다.

어린이집에서 자주 유행하는 전염병은 표 5로 나타냈습니다. 7~9개월 때도 같은 모습이 나타납니다. 이 시기에는 충치도 예방해야 합니다.

여름과 겨울철의 건강 관리

여름철

에어컨은 바깥 기온보다 5도쯤 낮게 켜는 것이 좋습니다.

수분을 많이 섭취해야 하는 젖먹이 시기에는 수분만 모자라도 여름에 열이 쉽게 오르기 때문에 조심해야 합니다. 이 시기에는 피부가 약하고 땀이 많이 나서 땀띠나 뽀루지, 부스럼이 많이 생깁니다. 약을 바르는 것보다 목욕을 자주 시켜 주면서 예방하는 것이 기본입니다.

초여름에는 여름 감기가 유행하여 갑자기 열이 많이 나기도 합니다. 보통 목이 깔깔하고 부으면서 열이 납니다. 손, 발, 입에도 질병이 유행합니다.

겨울철

젖먹이 시기 전반기에는 실내 온도를 20도 눈금을 기준으로 하여 개월 수에 따라 천천히 내립니다. 어린이집에 다니는 아이는 아침 저녁으로 추운 시간에 밖으로 나가기 때문에 질병에 걸리면 당분간 조금 따뜻하게 해 줘야 합니다. 열이 나는 병으로 잠깐 동안 단련을 중단했을 때는 1~2주에 걸쳐서 천천히 본디 상태로 돌아갑시다.

초겨울에 태어난 아기는 어머니의 출산 휴가 무렵까지 거의 일광욕도 하지 못한 채 어린이집으로 오기 때문에 구루병 초기 증상이 많이 나타나는데, 조금만 마음을 써서 일광욕을 시켜 주면 한 달도 되기 전에 낫습니다. 유리창으로는 자외선을 쬐기 어려우므로 알루미늄 창에 비닐을 붙이는 어린이집도 늘어나고 있습니다. 스모그 현상이 자주 일어나는 지역에서는 자외선이 많이 줄어들기 때문에 여러 가지로 마음써야 합니다.

겨울에는 감기에서 오는 바이러스성 설사가 무엇보다 많이 나타나며, 로더 바이러스가 주역을 이룬다고 합니다. 심할 때는 열 번도 더 흰 설사를 합니다. 탈수 현상이 일어나지 않도록 조금씩 수분과 영양을 섭취하게 하면 며칠 안에 나을 수 있지만, 평소 아기 영양 상태가 나쁘거나 심하게 토하면 갑자기 증상이 나빠질 수 있으므로 주의해야 합니다. 증상이 심한 아기는 물론 쉬게 해야 하지만, 다른 아이들과 떼 놓아야 하는 것은 아닙니다. 교사는 손을 깨끗이 합니다.

겨울에는 물론 감기에서 오는 폐렴과 기관지염에 걸리는 아이도 늘어납니다. 그것을 알아차리지 못하고 있으면 갑자기 상태가 나빠지기 쉬우므로 감기가 심해지지 않는지 잘 살펴보아야 합니다.

응급 치료

아기가 갑자기 울고 이상할 때

첫째, 벌레나 이물질이 몸에 붙어 있지 않은지 옷을 벗겨 보십시오.
둘째, 변비에 걸려도 배가 많이 아플 수 있습니다.
셋째, 장 중적으로 토하고 피똥을 쌀 수 있습니다.
넷째, 탈장일 수 있습니다.
셋째와 넷째는 위급한 상황입니다.

열이 날 때

체온을 재는 법에는 겨드랑이 밑으로 재는 법, 입 속으로 재는 법,(겨드랑이 밑보다 체온이 0.2~0.5도 높다.) 항문 안에서 재는 법(겨드랑이 밑보다 체온이 0.8~0.9도 높다.)이 있는데 보통 겨드랑이 밑으로 잽니다. 겨드랑이 밑으로 잴 때는 겨드랑이 밑에 차 있는 땀을 닦은 다음, 겨드랑이 가장 깊숙한 곳으로 밑에서 비스듬히 체온계를 넣어 체온계가 움직이지 않게 팔을 누릅니다. 오 분이나 십 분쯤 재지 않으면 정확하게 잴 수 없습니다. 반드시 수은이 내려간 것을 확인하고 재야 합니다. 아이가 울거나 젖을 먹은 뒤에는 0.2도쯤 체온이 올라간다고 합니다. 목욕한 뒤에는 삼십 분에서 한 시간이 지나고 재야 합니다.

체온계 눈금으로 38도가 넘으면 얼음 주머니를 대 주는데, 젖먹이는 얼음을 너무 많이 넣어 대면 창백해지거나 경련이 일어나기 때문에 절대로 너무 차갑게 하면 안 됩니다. 수분도 반드시 공급해야 합니다. 여름에는 시원하게 해 주는데 바람을 쐬게 하면 안 되며, 겨울에는 따뜻하게 해 줘야 합니다.

응급 치료할 때 좌약을 쓸 수 있는데 알레르기 체질이 있는 아이에게는 쓰면 안 되므로 의사 처방이 없으면 안 쓰는 게 좋습니다.

경련을 일으킬 때

아이는 어른보다 경련을 일으키기 쉬운데, 비율을 살펴보면 어른은 천 명 가운데 네다섯 명, 여섯 살까지 어린이는 천 명 가운데 일흔두 명이나 된다고 합니다. 태어난 지 6개월부터 세 살까지가 가장 경련을 일으키기 쉬운 시기입니다. 대부분은 열 때문인데 탈수와 감염증, 간질 때문에 일으키기도 합니다.

경련을 일으키면 얼굴을 옆으로 돌리고 머리를 조금 낮게 하여 옷과 기저귀를 느슨하게 하고, 등과 머리에 작은 수건을 대어 목 부분을 뒤로 조금 젖혀 주면 숨쉬기 편합니다. 이전에는 입에 무엇인가를 물리라고 강조했지만 경련이 오래 가지 않으면 꼭 그렇게 안 해도 됩니다. 더구나 젖니가 아직 나지 않은 아이에게는 하지 않아도 됩니다. 어르거나 다독거리지 말고 조용하게 상태를 살펴봅시다. 열이 많이 날 때는 머리와 가슴을 물수건으로 식혀서 편하게 해 줍니다. 관장을 해 줘도 좋습니다. 토했을 때는 기도가 막히지 않게 남아 있는 구토물을 토하게 해야 합니다. 십 분에서 십오 분 넘게 경련을 일으키면 구급차를 불러야 합니다.

급할 때 연락할 곳

소아과, 외과, 이비인후과의 연락처를 평소에도 잘 보이는 곳에 붙여 둡니다.

키와 몸무게

키 재는 법 | 달마다 키를 재고 몸무게를 답니다. 아이가 완전히 설 수 있을 때까지는 젖먹이용 신장계를 씁니다. 귓구멍과 눈 감은 선을 앉은 뱅이 저울에 수직으로 맞추고, 다른 한 사람이 아이의 무릎을 눌러 다리를 죽 뻗게 한 다음 이동판을 발 뒤쪽으로 눌러 주면서 눈금을 읽습니

그림 5 **젖먹이용 신장계로 키 재는 법**

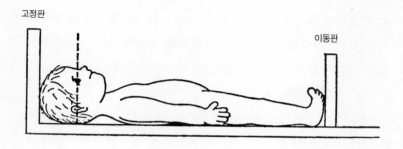

고정판

이동판

다. 물론 기저귀는 벗깁니다.

몸무게 다는 법 | 아이 몸무게가 10킬로그램이 될 때까지는 바구니가 달린 젖먹이용 저울에 달아야 정확하게 달 수 있습니다. 발가벗기고 다는 것이 원칙이며, 젖을 먹인 뒤는 피하고 되도록 같은 시간에 달아 보아야 합니다.

이유식

이유식을 시작할 즈음

방금 태어난 아기는 아직 제대로 먹고, 소화하고, 흡수할 수 없기 때문에 엄마 젖과 분유만 먹을 수 있습니다. 그러나 자라면서 엄마 몸에서 받은 영양분, 더구나 철분이 줄어들므로 다른 음식도 받아들일 수 있습니다. 그 때는 성장에 맞추어 엄마 젖이나 분유 대신 이유식으로 조금씩 영양분을 섭취하게 하고, 두 살 무렵에는 하루에 이유식 세 번, 간식 두 번, 우유 두 병을 주어 필요한 영양분을 섭취하게 합니다.

이 시기는 아기가 사람답게 성장, 발달하기 위해서 몸을 만들어 가려고 어른에게 가장 많이 기대는 때이기도 합니다. 따라서 어른이 아기를 어떻게 대하느냐가 중요합니다. 아기는 스스로 살 수 있을 만한 능력이 없기 때문에 먹을 때만 하더라도 어른들이 많이 도와 주어야 합니다.

내장 기관은 모두 제대로 발달하지 않았기 때문에 섬유질과 거품이 적어 소화하기 쉬운 식품을 익혀서, 부드러운 크림처럼 만들어 줍니다. 음식에 간을 하나도 하지 않거나, 본디 음식 맛을 살려 만들어서 염분도 0.4퍼센트 정도로 조절해 줘야 합니다.

음식은 한 숟가락만 먹이다가 조금씩 양을 늘리고, 세 숟가락 정도 먹으면 다른 식품을 다시 한 숟가락 더 주어 몸에 익숙하게 합니다.

아기는 어른처럼 하루에 소비한 에너지와 영양분만 보충해야 하는 것이 아니라 성장하는 만큼 보충해야 하기 때문에 표 6에서 보는 것처럼 몸무게 1킬로그램에 평균 110킬로칼로리(작은 달걀 한 개나 우유 한 병), 단백질은 3그램(달걀 사분의 일이나 우유 반 병)을 먹어야 합니다. 어른과 견주면 아주 많이 먹어야 합니다. 더구나 몸을 구성하는 단백질과 칼슘, 적더라도 에너지를 많이 내는 지방, 날마다 섭취해야 하는 철분 따위를 제대로 섭취할 수 있도록 간식도 곁들여 줘야 합니다. 아기가 이유식을 잘 먹으면 몸무게는 하루가 다르게 늘어나고, 얼굴빛과 기분도 좋아집니다.

어린이집에서 이유식을 먹일 때

어린이집이라는 집단 속에서 이유식을 해 나갈 때는 집에서 이유식을 해 나가는 것과 달리 여러 가지 점에서 주의해야 합니다.

먼저, 교사는 아이가 어린이집에 들어오기 전까지 어떻게 자랐는지 올바르게 파악하여 아기를 존중해야 합니다. 아기의 건강 상태와 생활 리듬을 자세하게 알지 못하면 혼란을 일으킬 수 있습니다. 또, 태어난 달이 다른 아기들에게 이유식을 같이 먹이려면 때로는 전체 아이들에게 맞추어야 하기 때문에 아기마다 입맛에 맞는 음식을 만들기 어려워 집에서보다 이유식을 먹이기가 힘듭니다.

그러나 어린이집에서 이유식을 먹이는 것이 집에서 먹이는 것보다 더 좋은 점도 있습니다.

태어날 때의 상태, 자라온 과정, 밥과 젖 먹는 양, 입맛, 집안 상황, 생

표 6 영양소 요구량

(표준 체위 참고 일부 변경) (1980년)

*폐경기는 10mg

나이 (살)	키 기준치 cm 남	키 기준치 cm 여	몸무게 기준치 kg 남	몸무게 기준치 kg 여	에너지 kcal 남	에너지 kcal 여	단백질 g 남	단백질 g 여	에너지 비율 %	칼슘 g 남	칼슘 g 여	철분 mg 남	철분 mg 여	비타민A IU 남	비타민A IU 여	비타민B1 mg 남	비타민B1 mg 여	비타민B2 mg 남	비타민B2 mg 여	나이아신 mg 남	나이아신 mg 여	비타민C mg	비타민D IU
0~(월)					120/kg	120/kg	3.3/kg	3.3/kg	45	0.4	0.4		6	1,300	1,300	0.4	0.2	0.5	0.3	6	4	35	400
2~(월)					110/kg	110/kg	2.5/kg	2.5/kg	45	0.4	0.4		6	1,300	1,300	0.5	0.3	0.7	0.4	8	6	35	400
6~(월)					100/kg	100/kg	3.0/kg	3.0/kg	30~40	0.4	0.4		6	1,000	1,000	0.6	0.4	0.8	0.5	9	6	35	400
2-	81.8	80.3	11.25	10.77	970	930	30	30	25~30	0.4	0.4	7	7	1,000	1,000	0.6	0.4	0.8	0.5	9	7	40	400
3-	91.3	89.9	13.51	13.09	1,240	1,200	40	35		0.4	0.4	8	8			0.6	0.5	0.9	0.7	10	9		
4-	98.5	97.1	15.30	14.77	1,400	1,350	40	40		0.5	0.4	9	9	1,200	1,200	0.7	0.5	0.9	0.7	11	9		
5-	104.7	103.4	16.98	16.45	1,500	1,400	45	45		0.6	0.5	10	10			0.7	0.6	1.0	0.8	11	10		
6-	110.6	109.4	18.84	18.23	1,600	1,500	55	50		0.7	0.6	12		1,500	1,500	0.8	0.6	1.0	0.8	12	11		
7-	116.3	115.3	20.96	20.30	1,700	1,600	60	50		0.8	0.7					0.8	0.6	1.0	0.9	13	11		
8-	121.9	121.1	23.39	22.78	1,800	1,600	65	50		0.9						0.8	0.7	1.1	0.9	13	11		
9-	127.5	126.8	26.12	25.60	1,850	1,700	70	55						1,800	1,800	0.8	0.7	1.2	0.9	14	12		100
10-	132.7	132.7	29.11	28.85	1,900	1,900	75	60								0.9	0.8	1.3	1.0	15	13	50	
11-	138.0	139.1	32.40	32.84	2,000	2,100	80	70								1.0	0.8	1.3	1.2	16	14		
12-	143.9	145.5	36.38	37.53	2,100	2,200	80	75								1.1	0.9	1.4	1.3	17	15		
13-	150.8	150.9	41.29	42.41	2,300	2,300	85	80								1.1	0.9	1.5	1.3	18	15		
14-	158.1	154.6	46.97	46.68	2,400	2,300	85	80								1.1	0.9	1.5	1.2	17	15		
15-	164.2	156.6	52.50	49.81	2,600	2,200	85	70						2,000		1.0	0.8	1.5	1.2	17	14		
16-	168.1	157.5	56.78	51.78	2,650	2,200	80	70								1.0	0.8	1.4	1.2	16	14		
17-	170.0	157.7	59.41	52.75	2,700	2,100	75	70								1.0	0.8	1.3	1.1	15	13		
18-	170.9	157.8	60.86	53.00	2,700	2,100	70	65								0.9	0.8	1.3	1.1	15	13		
19-	171.3	157.8	61.41	52.59	2,650	2,050	70	60							1,800	0.9	0.7	1.2	1.1	13	13		
20-	171.6	157.7	61.39	52.02	2,600	2,000	70	60	20~25		0.6	10	12*	2,000		0.8	0.7	1.1	1.0	12	12		100
21-	170.0	156.6	62.01	51.33	2,500	1,950	70	60								0.7	0.6	1.0	0.9	11	11	50	
31-	166.6	154.5	62.74	53.02	2,400	1,900	65	60										0.9	0.8		10		
41-	164.0	152.5	60.80	53.70	2,300	1,800	65	60					10								9		
51-	161.7	150.3	58.58	52.62	2,200	1,700		55															
61-	159.4	147.5	56.15	50.11	2,000	1,500		55															
71-	157.0	144.1	53.04	46.61	1,800	1,400																	
81-	154.7	140.5	50.46	43.37	1,600																		
임신 전기					+150		+10		25	+0.4		+3		0		+0.1		+0.1		+1		+10	+300
임신 후기					+350		+20		-	+0.4		+8		+200		+0.1		+0.2		+2		+40	+300
수유기					+720		+20		30	+0.5		+8		+1,400		+0.3		+0.4		+5		+40	

*폐경기는 10mg

활 리듬, 버릇 따위가 아기마다 다르지만 여기에서 일어나는 문제점은 부모와 함께 의논해서 해결할 수 있습니다. 때로는 의사와 함께 의논할 수도 있습니다. 이렇게 집단에서 토론해 나가면 한 사람 한 사람을 소중하게 여길 수 있고, 세밀하게 살펴볼 수 있으며, 문제점을 함께 해결해 갈 수 있습니다. 이것이 장점이고, 집단 보육에서 이유식을 먹일 때는 이렇게 해 나가는 것입니다.

두 번째 장점은 이유식을 많이 만들기 때문에 한 사람이 먹을 양만 만드는 것보다 맛있게 만들 수 있습니다. 또 한 번 만들어 놓으면 자주 만들지 않아도 되기 때문에 재료만 안전하면 상할 염려도 없고, 그 때문에 아기에게 상한 음식을 줄 위험도 없습니다.

세 번째 장점은 이유식을 해 나갈 때 기준이 있다는 것입니다. 아기마다 나타나는 특징과 한 살 어린이 집단 전체 상태에 따라 이유식을 계획하고, 그 계획대로 해 나갈 수 있습니다. 그 속에서 아기는 모두 함께 즐겁게 먹는 것을 몸에 익히고, 살아가는 데 가장 중요한 욕구인 스스로 먹고 싶다는 마음을 내서 몸과 마음을 건강하게 키워 갑니다. 그것을 위하여 부모와 교사가 늘 마음을 맞추고, 이야기를 나누면 집단에서 더욱 바람직한 이유식을 해 나갈 수 있을 것입니다.

여기에서 이야기하는 이유식 방법은 표 7에서 보는 것처럼 오사카보육연구소에서 '어린이의 발달과 건강과 영양' 상태를 의논하면서 이유식을 조사하여 작성한 '이유식 계획'에 바탕을 두고 있습니다. 이 기본 계획은 오사카 공동 육아 어린이집을 중심으로 추진해 온 '집단에서 이유식' 하는 경험을 더욱 발전시키기 위하여 노력해 온 것입니다. 이것이 이때껏 해 온 이유식 방법과 크게 다른 점은 이런저런 식품을 쓰지 않도록 하면서 식품 중심으로 짠 것이 아니라 열 가하기, 다지기, 체 내리기 같은 음식 만드는 방법을 중요하게 생각하고 있는 점입니다.

이유식 방법은 아무리 좋다고 해도 그것은 어디까지나 기본이 될 뿐이며, 어느 아기한테도 기계처럼 들어맞지는 않습니다. 아기마다 상태를 살펴보면서 그 아기가 성장, 발달하는 데 맞추어 따로 만들어 주도록 합니다.

이유식을 제대로 하면 부모는 여유가 생겨 아이를 키울 때 자신감이 생기고, 아기는 건강한 음식을 먹고 자랄 수 있습니다. 집단 이유식은 아직 보충해야 할 점이 많고, 조건도 제대로 갖추어져 있지 않습니다. 그만큼 모두가 슬기와 힘을 모아서 아이에게 이유식을 더 잘 만들어 주어야 합니다.

태어나서 처음으로 먹는 음식

아기가 처음으로 입에 대는 음식은 엄마 젖이나 분유입니다. 엄마 젖과 분유의 주성분은 표 8에 나타나 있습니다.

분유에 들어 있는 단백질은 달걀과 똑같이 아미노산의 비율이 거의 완벽해서 아기가 처음으로 먹는 음식으로서는 몸에 익숙해지기 쉽고, 또 그것 하나만으로도 생명을 이어 가고 성장할 수 있습니다.

젖먹이는 엄마 젖이나 분유를 한 번에 많이 먹으면 단백질이 위에서 응고합니다. 그래서 분유는 우유에 들어있는 단백질 성분보다 더 소화하기 쉬운 것으로 만들었습니다.

속이 빌 때와 배부를 때

아기들은 배가 고프면 울고, 배가 부르면 편안하게 잡니다. 울음은 아기의 말입니다. 깊은 애정을 담고 아기를 대하면 아기가 우는 소리를 듣고 무엇을 말하려는지 알아들을 수 있습니다. 우는 소리를 잘 들으면 아기의 몸 상태나 마음을 그때 그때 알 수 있습니다. 달래 주어야 하는지,

표 7 이유식 계획

식품군 \ 개월	4~5개월 이유식(1회)	6~7개월 이유식(2회)	6~7개월 간식(1~2회)	8~9개월 이유식(3회)	8~9개월 간식(2회)	10개월부터 이유식(3회)	10개월부터 간식(2회)
몸을 구성하는 것 (달걀·어육류)	노른자 반 개(10g쯤)	달걀 반 개(25g쯤) 생선·육류 16g, 콩과 콩제품 35g		달걀 ⅔개(33g쯤) (어육·육류 21g, 콩과 콩제품 55g)		달걀 한 개(50g쯤) 생선·육류 31g, 콩과 콩제품 68g	
우유(분유)	이유식을 먹인 뒤 먹고 싶어 하는 대로 분유를 준다.	우유 25ml	우유 50ml	우유 50~70ml	우유 50ml	우유 100ml	우유 100ml
신선한 채소와 과일 / 조리 상태 (갈아서 쉬운 것)	삶아 으깬 것, 곱게 썰어 조린 것, 체친 것	삶은 것, 조린 것, 갈아서 쉬운 것 70g	간 것 30~60g	조린 것, 볶은 것, 젓 것 90g	간 것 또는 잘게 썬 것 30~60g	부드럽게 익힌 것, 볶은 것 100g	30g
곡류 (죽·밥)	10배 죽 50g	7배 죽 50g	7배 죽 50g, 비스킷 한 개	7배 죽 80g	비스킷 두 개 정도 (또는 토스트 1/16) 마가린 바른 것	부드럽게 익힌 것 80g (또는 식빵 50g+마가린 10g+감자 25g)	식빵 30g
유지류	0~2g	2g	2g	2g	2g	2g	마가린 2g
비고	· 이유식을 먹인 뒤 반드시 분유나 모유를 먹인다. · 개월 수가 지나면서 되도록 식품의 수가 적어지고, 양이 점점 많아지도록 한다. · 이유식 시간은 일정하게 한다. · 과일즙은 간식을 주듯이 준다. · 과일즙은 갈아서 조금씩 준다.	· 7개월에 들어가면 간식을 두 번 준다. · 우유 50ml를 두 번 나누어 준다. · 이유식을 먹인 뒤에 엄마 젖이나 분유는 200ml 남짓 먹인다. · 과일즙이나 채소즙 같은 것을 많이 먹이지 않는다. 보통 한 국자 정도만 먹인다. · 간식은 우유 50~70ml, 과일(사과는 1/8~1/6), 토스트 1/16…		· 아이에 따라 먹는 양이 다르기 때문에 분유가 필요한 아이, 우유를 먹지 못하는 아이에게는 이유식을 먹인 뒤에 분유를 준다. · 간식은 우유 50~70ml, 과일(사과는 1/8~1/6), 토스트 1/16, 장이나 먹는 아이는 죽을 반으로 하여 준다. · 많이 먹는 아이는 죽을 800g까지 바꾸어 간다. · 가장 개인차가 심한 시기이므로 이유식 양을 먹고 분유를 먹인다. · 먹을 수 없는 아이에게는 약즙을 먹이지 말고, 분유를 먹여야 한다.		· 과일즙은 우유를 만들 수 있는 만큼 준다. · 하루에 이유식 세 번, 간식 두 번(우유 두 번 정도)으로 충분해지면 이유식이 끝났다고 생각한다. · 이점은 위 양의 2/3 정도면 된다.	

표 8 **엄마 젖의 성분**

	칼로리 kcal	단백질 g	지방 g	탄수화물 g	칼슘 mg	인 mg	철 mg	나트륨 mg	칼륨 mg	비타민 A효력 IU	비타민 B1 mg	비타민 B2 mg	니아신 mg	비타민 C mg
엄마 젖	65	1.1	3.5	7.2	27	14	0.1	15	48	170	0.03	0.15	0.1	0
조제 분유 (13%액)	67	1.8	3.5	7.2	49	33	0.8	21	68	247	0.05	0.08	0.7	6
보통 우유	59	2.9	3.2	4.5	100	90	0.1	50	150	110	0.01	0.03	0.2	5

* 100g일 때 영양 성분

자료 : 일본 식품 표준 성분표

배가 고픈지, 불편한 데가 있는지 하는 것들을 판단할 수 있습니다.

아기가 왜 우는지 확실하게 판단하지 못할 때는 무심코 젖을 주기 쉽습니다. 금방 젖을 먹었는데 이렇게 또 젖을 주면 아기는 늘 위 속에 음식물이 들어가 있는 것이 정상이라고 받아들입니다. 배고프지 않는데도 젖을 또 주면 조금밖에 못 먹거나 배가 부르지도 않는데 잠들어 버릴 수 있습니다. 그러다 다시 배가 고파져 삼십 분만 지나면 눈을 뜹니다. 이와 같이 마음껏 먹고 놀고 자는 것이 아니라, 조금 먹고 자고 또 조금 먹고 조금 노는 것이 버릇이 되어 버립니다. 그러니 아기가 울더라도 당황하지 않아야 합니다.

젖 먹이는 방법

누워서 젖을 먹이면 좋지 않습니다. 젖을 주다 엄마가 자 버리면 엄마 젖가슴에 아기가 눌려 숨이 막혀 죽을 수도 있고, 또 아기도 자면서 젖을 먹는 나쁜 버릇이 들기 쉽습니다.

또한 젖을 먹이면서 텔레비전을 보거나 책을 읽지 않아야 합니다. 이렇게 하면 아기들이 젖을 빨고 싶어하는 마음과 집중력이 떨어집니다. 무엇보다도 이 시기에는 엄마와 눈을 맞추면서 엄마가 부드럽게 속삭이는 소리를 들으며 젖을 먹는 것이 중심 활동이며, 이렇게 해서 어른과 조용히 마음을 나눕니다.

우유병으로 젖을 먹이면 아기가 우유를 먹는 데 십 분에서 십오 분쯤 걸립니다. 만일 아기가 십 분 안에 우유를 빨아 버리면 젖꼭지 구멍을 작게 조절합니다.

아기들의 위장은 작은 술병처럼 생겨서 젖과 함께 삼킨 공기가 젖을 밀어 내면 토합니다. 그래서 젖을 먹이고 난 뒤에는 아기 머리를 조금 들어 올려서 등을 가볍게 두드리면서 트림을 시켜 주어야 합니다.

밤에 심하게 울거나, 낮과 밤을 가리지 못하면 그것이 그대로 아기의 수면 리듬이 될 수 있습니다. 밤에 울거나 자지 못하고 놀면 젖이 모자라서 그런가 하고 불안해서 젖을 먹이는데, 이럴 때는 젖이 모자란 것인지 아닌지 자세히 살펴보아야 합니다. 몸무게가 늘거나, 오줌을 자주 누지 않으면 젖이 모자라거나 넘친다고 생각할 수 있는데 1개월 된 아기는 몸무게가 하루에 15그램쯤 늘어나면 괜찮습니다. 오줌은 하루에 7~8번 나오면 엄마 젖이 모자란다고 판단해도 됩니다.

엄마 젖과 우유는 질에서 여러 차이가 나지만 아기가 '스스로 먹기' 위한 기초를 몸에 익히기에도 엄마 젖이 좋습니다. 병에 든 우유를 먹을 때는 들이마시는데, 엄마 젖은 물어서 깨물어야 젖이 나오므로 턱을 부드럽게 움직이게 하고, 혀를 잘 움직이게 합니다.

엄마 젖은 아기에게 젖을 먹일 때나 한 번 젖을 먹이고 다음 젖을 먹이는 사이에 모아질 뿐만 아니라, 삼분의 이에서 사분의 삼쯤은 아기가 젖꼭지를 빨면서 젖을 먹을 때 만들어집니다. 젖이 불어서 차 있을 뿐 아니라, 아기가 젖을 먹으면서 자극이 가서 새 젖이 만들어지기도 하는 것입니다.

젖을 먹이는 시기에 어머니는 하루에 밥을 세 번 잘 먹고, 두 사람이 먹을 밥을 먹으면서 산후에 몸을 회복한다고 생각하면서 편식을 삼가야 합니다. 어머니는 감미료나 산미료가 들어 있지 않은 녹차나 물을 마셔야 합니다. 카페인이 많이 들어 있는 음료도 삼가고, 알코올류나 담배도 피해야 합니다.

젖은 소화가 잘 되므로 태어난 지 6주쯤에는 두 시간 또는 두 시간 반 정도 사이를 두고 물리는 것이 좋습니다. 젖 먹이는 간격이 정확하지 않다고 생각하지 말고, 천천히 간격을 일정하게 해 나가면서 아기의 기분에 맞춥니다.

이유식 준비

태어난 지 2~3개월부터 젖을 빨다가 이물질이 들어가면 혀로 밀어내는데 이처럼 태어날 때부터 타고난 능력이 아니라, 입 안에 음식물을 넣고 핥아서 맛보고 삼키는 새로운 능력이 생기기 시작합니다.

아기가 어린이집에 들어오면 처음 일 주일에서 이 주일 정도는 젖 또는 분유나 맹물 끓인 것을 반 잔쯤 주면서 살펴봅니다. 그러는 동안에 아기는 어린이집에 다니는 것과 집단 생활에 익숙해지고, 교사는 아기의 특징도 알 수 있습니다.

태어난 지 2개월이 지나면 채소즙과 과일즙을 줍니다. 채소즙은 이유식을 시작하기 전 단계로 젖이나 분유가 아닌 다른 맛과 냄새에 익숙하게 해 줍니다.

채소즙은 당근이나 단호박처럼 색이 진한 채소, 양파나 양배추 또는 무처럼 색이 담백한 채소, 그리고 고구마 종류 가운데서 서너너덧 가지 채소를 잘 씻어서 큼직하게 썰어, 깨끗한 물에 채소가 부드러워질 때까지 삶아 만듭니다. 이 때 다시마를 넣으면 맛이 더 좋습니다. 이 채소즙을 숟가락으로 떠먹입니다. 젖 먹기 전에 한 숟가락을 먹입니다. 한 번에 많이 흘러들어가게 하면 목이 메므로 천천히 입 안으로 흘려 넣듯이, 혀 위로 넣어 주어야 합니다. 잘 받아먹으면 30~50밀리리터쯤 마시게 하는 것도 좋습니다.

과일즙은 처음에는 10밀리리터쯤 주는데, 물을 끓여 식혀서 섞어 두 배로 옅게 만들어 마시게 합니다. 일 주일 동안 상태를 보아 똥이 바뀌지 않으면 15밀리리터쯤 네다섯 번 주고, 하루에 50밀리리터 넘게 먹으면 옅게 하지 말고 원액을 줍니다. 이 때는 원액을 한꺼번에 50밀리리터 모두 주는 것이 아니라, 20~30밀리리터쯤씩 주면서 천천히 상태를 보아 가며 늘려 갑니다.

과일즙은 젖을 먹고 다음 젖을 먹는 사이, 일광욕을 하고 난 뒤나 목욕한 뒤에 주는 것이 좋습니다. 장이 약한 아기에게는 감귤류보다는 사과가 알맞습니다. 사과의 조직이 거칠어진 장의 점막을 조금이라도 지켜 줍니다. 설사할 때도 마찬가지입니다.

아기는 어른보다 체표 면적이 넓고, 어른이 몸의 60퍼센트가 수분인데 견주어 70퍼센트가 수분입니다. 그래서 몸에서 열이 많이 나고, 수분도 그만큼 많이 섭취해야 합니다. 더구나 여름철에는 어른도 수분을 많이 섭취해야 하므로, 자기 스스로 표현하지 못하는 아기는 어른들이 잘 살펴보아야 합니다. 젖을 적게 먹거나 설사를 하면 좀더 주의 깊게 살펴야 합니다. 맹물을 끓여 식힌 것과 옅은 보리차 다음으로 줄 수 있는 것이 채소즙과 과일즙입니다. 이것은 어느 것이나 먼저 주어도 좋고, 채소즙이 없을 때는 과일즙을 대신 줘도 됩니다.

5개월 무렵

집단 생활에 익숙해지고 과일즙과 채소즙을 탈 없이 잘 넘기면 이유식을 할 준비가 거의 된 것입니다. 몸 상태가 좋은 때를 잘 관찰했다가 이유식을 시작합니다. 오전 10~11시쯤 젖 먹기 전에 주고, 이유식을 먹인 뒤에는 200밀리리터가 넘지 않을 만큼만 젖을 먹입니다.

표 9 이유식 권장법

	1일째	2일째	3일째	4일째	5일째	6일째	7일째
감자 또는 죽	1 작은 술	2 작은 술	3 작은 술	3 작은 술	3 작은 술	3 작은 술	3 작은 술
색깔 있는 채소				1 작은 술	2 작은 술	3 작은 술	3 작은 술
달걀 노른자, 색이 담백한 채소							1 작은 술

처음으로 이유식을 먹일 때는 죽이나 달걀 노른자를 주는 것도 좋지만, 굳이 지적한다면 전분류 식품 쪽이 알레르기를 일으키지 않으므로 보통 감자부터 시작하는 것이 좋습니다. 감자로 이유식을 하면 좋은 점이 많습니다. 감자를 으깨어 채소즙이나 된장국물에 풀어서 이유식을 만들면 일부러 죽을 끓이거나, 달걀을 삶지 않아도 됩니다. 감자는 보통 집에 늘 있고, 조리법이 간단합니다. 조각내서 밥할 때 함께 넣어 쪄도 좋고, 된장국 건더기로 해도 좋고, 그냥 찔 때도 간단하게 찔 수 있습니다. 또, 소화가 잘 되며, 비타민 시(C)가 많이 들어 있는데 열에 잘 파괴되지 않습니다. 사철 모두 구할 수도 있습니다.

감자를 쪄서 으깨어 채소즙이나 국물을 섞어 뭉글뭉글하게 만든 것을 처음에는 한 숟가락, 둘째 날은 두 숟가락, 셋째 날은 세 숟가락을 주다가 넷째 날에는 시금치, 단호박, 당근을 부드럽게 삶아 으깨어서 이것을 한 숟가락 더 줍니다.

이렇게 채소를 점점 더 먹게 하면서 쌀 양보다 물을 열 배 많이 넣어서 만든 묽은 10배 죽을 같이 넣어 주어도 좋습니다. 이 시기에 이유식을 새로 만들어 먹일 때는 어떤 경우라도 여러 채소를 으깨 만든 이유식에 새로 만든 이유식은 '한 숟가락' 더 먹이는 것부터 시작하는 게 원칙입니다. 이유식을 먹이기 시작해서 한 달에서 한 달 반이 되면 달걀 노른자 반 개, 채소 으깬 것 50그램, 10배 죽 50그램, 유지방 2그램 정도를 먹을 수 있습니다. 유지방은 식물성 기름이 몸에 더 좋으므로 버터나 마가

린보다는 올리브유나 현미유를 씁니다.

이 시기에는 되도록 아기의 몸 상태가 안정되어 있을 때 새로운 식품을 넣어 만든 이유식을 줍니다. 그러므로 어린이집에서 월요일보다는 화요일이나 수요일에 이유식을 주기 쉬우면 휴일 무렵에 조심스럽게 새로운 식품을 쓴 이유식을 주면 실패를 덜 합니다.

먹일 때는 편안하게 앉게 해서 먹이는 것이 좋습니다. 한꺼번에 두세 아기들에게 줄 때는 낮고 안정감 있는 의자에 앉히거나, 상자를 놓고 요를 깔아서 앉히고 먹이는 것이 좋습니다. 오래도록 먹을 때는 중간에 자세를 바꿔 주어야 합니다.

먹일 때는 "맘마야.", "맛있지?" 하고 부드럽게 말을 걸면서 끈기 있고 천천히, 시간을 들여서 정성껏 먹여야 합니다. 또한 아기가 침착하게 먹을 수 있게 교사도 조용하고 침착하게 아기와 마주해야 합니다. 입으로 그냥 넣는 것이 아니라, 한 종류씩 그 식품의 맛을 알도록 천천히 먹게

그림 6 쌀 죽과 채소 수프 만들기

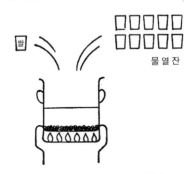 

쌀 양보다 물을 열 배 많이 넣어 10배 죽 만들기
① 쌀 한 잔에 물 열 잔을 넣습니다.
② 처음에는 뚜껑을 닫지 않고 강한 불에 끓입니다.
③ 끓으면 불을 약하게 하고, 45~60분쯤 지나 익으면 뜸을 들입니다.

채소 수프 만들기
① 채소는 잘 씻어서 껍질을 깎아 크게 자릅니다.
② 다시마는 물로 살짝 표면을 씻습니다.
③ 깊은 냄비에 ①과 ②를 넣고, 깨끗한 물을 넣어서 강한 불에 끓입니다.
④ 끓으면 불을 약하게 하고, 40분쯤 익힙니다. 간은 하지 않습니다.

해야 합니다.

먹고 난 뒤에는 이제까지 아기가 한 번에 먹던 양을 넘지 않게 해서 엄마 젖이나 분유를 주는데, 우유병으로 줄 때는 되도록 아기가 손으로 우유병을 쥐게 해 줍니다.

7개월 무렵

6개월부터 몸의 기능이 전보다 배쯤 성장하기 때문에 이유식도 그에 맞게 해 나갑니다.

먼저, 2개월이 된 아기는 침이 잘 나옵니다. 또한 이가 나기 시작하는데, 이가 나는 차례를 보면 사람이 음식을 먹어 온 역사를 더듬어 볼 수 있다고 합니다. 식물을 씹는 앞니, 이어서 곡물을 씹는 어금니, 마지막으로 사람이 맨 나중에 먹은 고기를 먹는 송곳니가 나온다는 것입니다.

침이 잘 나오면 전분류 식품을 많이 먹어도 소화가 됩니다. 음식물을 씹을 때 침 속에 있는 소화 효소인 프티알린이 음식물과 잘 섞여서 전분을 소화시킵니다. 이가 다 나지 않아도 잇몸으로 음식물을 으깨서 먹거나, 마십니다. 달걀 노른자 삶은 것, 감자, 무, 단호박 같은 섬유질이 없는 부드러운 음식은 1센티미터 정도로 잘라서 먹입니다.

만들 때는 여전히 삶거나 찌는데, 이전처럼 뭉글뭉글하게 만들지 않고 잘게 다지거나 체에 내려 전보다 크게 만듭니다. 찔 때는 국물이나 물을 넣어 찝니다. 찌면 100도 넘게 온도가 올라가지 않아서 음식이 눌러 붙지 않아 구수한 맛이 나지 않는 것이 단점이기는 합니다. 그러나 수분을 넣어 찌기 때문에 섬유가 수분을 잘 받아들여 부드러워지고, 소화가 잘 됩니다. 이유식은 늘 찌거나, 삶는 것이 중심입니다.

채소는 70그램 정도는 한 번에 먹을 수 있고, 죽도 7배 죽을 50그램까지 먹을 수 있습니다. 달걀 노른자 대신 생선, 고기, 두부, 우유를 말려서 단백질이 응고된 것도 주기 시작합니다. 우유를 마시기에는 아직 이르지만, 음식을 만들어서 먹여 보는 것은 좋습니다. 오 분 이상 천천히 끓인 우유 수프를 화이트소스 같은 데 쓰면 됩니다. 한 번에 50밀리리터보다 많이 주지 않아야 합니다.

7개월로 접어들면 하루에 이유식을 두 번 줍니다. 한 번은 이전처럼 어린이집에서 낮에 주고, 한 번은 될 수 있는 대로 집에서 아침에 먹입니다. 몸이 활동해야 하므로 아침에 영양분을 섭취하면 하루 종일 기운이 생기고, 저녁에 영양분을 섭취하면 몸이 그다지 활발하게 움직이지 않으므로 그 다음 날 아침까지 견딜 수 있기 때문입니다. 또한, 엄마 몸이 이 시기까지는 아직 회복되지 않았기 때문에 엄마도 아침을 제대로 먹어야 회복을 빨리 할 수 있습니다. 8개월로 접어들면 하루에 이유식을 세 번 해야 하기 때문에 이 때부터 계획을 세워야 합니다.

또한, 7개월로 접어들면 간식도 먹여야 합니다. 처음에는 하루에 한 번 우유와 과일, 비스킷 같은 것을 차례로 주거나, 시간을 정해 여러 가지를 조금씩 주는 것이 좋습니다. 익숙해지면 간식도 하루에 두 번까지 줍니다. 이 시기에는 아직도 양을 많이 소화시킬 수 없으므로 이유식을 하고 난 뒤에 엄마 젖이나 분유는 잊지 않고 먹여야 합니다.

척추도 튼튼해지기 때문에 몸에 맞는 밥상과 의자를 준비하고, 동무들과 함께 먹을 수 있게 잘 챙겨 주어야 합니다. 의자 등받이는 되도록 직각으로 된 것을 씁니다. 등받이가 기울어져 있으면 손이 앞으로 나오기가 어려워 혼자 힘으로 먹고 싶어도 음식을 집기 힘들어집니다.

9개월 무렵

이 시기에 아기는 미각과 후각이 어른만큼 발달되어 있지 않습니다. 6개월 무렵부터 이 시기에 걸쳐 음식을 어떻게 먹느냐에 따라 앞으로 편식을 할 수도 있고, 안 할 수도 있다고 하므로, 이 시기에는 혀가 여러 감각을 느낄 수 있도록 음식을 바꾸어 가면서 먹여야 합니다. 아기들은 음식 한 가지 한 가지를 눈과 혀로 확실하게 느끼면서 이전에 먹어 본 것인지, 처음 먹는 것인지 확인합니다. 가까이 있는 어른들이 좋아하는 음식이 민감하게 반영되므로 어른과 아기가 함께 노력해야 합니다. 죽순이나 우엉처럼 섬유질이 단단한 것을 제외하면, 다른 식품들을 거의 다 먹을 수 있다고 보아도 됩니다.

이 시기에는 우유를 그냥 마실 수 있습니다. 천천히, 오전과 오후에 간식을 먹을 때 우유를 마시게 합니다. 아직도 개인차가 있기 때문에 분유를 먹어야 하는 아이와, 우유를 그냥 마시지 못하는 아이에게는 하루에 이유식을 세 번 먹인 뒤에 분유를 먹게 합니다.

처음에는 한 번에 50밀리리터를 넘지 않도록 하고, 몸 상태에 이상이 없으면 점점 양을 늘려 가는데 한 번에 70밀리리터 정도로 정해 놓고 먹이는 게 좋습니다. 우유를 먹기 시작할 때부터 설사를 자꾸 하거나, 습진이 생기거나, 피부가 거칠어지거나, 종기가 생기면 우유를 주지 말고 의사와 의논합니다. 우유 때문이 아니라면 다시 한 번 우유를 줘 보는 것이 좋습니다. 간식은 우유와 관계 없이 과일과 과자를 먹입니다. 간식도 한 끼로 치며, 3대 식품군을 생각하여 식단을 짜야 합니다.

이 시기에는 이유식을 먹기 시작하여 아기가 조금 힘겨워하지만, 아기는 분명히 성장, 발달하고 있습니다.

먼저, 아기는 음식을 씹는 힘이 생깁니다. 혀를 잘 움직여서 아래턱을 조화롭게 움직이는지, 그렇지 않은지를 살펴보면 음식을 제대로 씹는지를 알 수 있습니다. 잘 씹을 수 없을 때는 음식량을 늘릴 수 없습니다. 따라서 몸무게도 늘어나지 않으므로, 이럴 때는 1그램에 9킬로칼로리의 에너지가 들어 있는 지방을 잘 활용해야 합니다. 음식을 아주 적게 먹을 때는 죽과 된장국에 마가린을 찻숟가락으로 한 숟가락 섞습니다. 수프에는 참기름이나 샐러드유를 조금 떨어뜨립니다. 또한 재료를 기름으로 볶아서 수프나 우유를 넣어 끓이거나, 감자나 당근에 처음부터 마가린을 넣고 이유식을 만듭니다. 마가린을 듬뿍 넣은 빵가루를 볶아서 된장국이나 수프에 띄워 주어도 됩니다. 어떻게 만들든 마가린을 넣을 때는 소금을 넣지 않아도 됩니다.(그러나 마가린에 들어 있는 트랜스 지방이 몸에 나쁘기 때문에 올리브유나 현미유 같은 식물성 기름을 쓰는 것이 더 좋습니다. 옮긴이)

아기가 몸을 앞과 옆으로 자유롭게 움직이고, 손도 잘 뻗을 수 있으면 동무들이 가지고 있는 물건이나, 앞치마 끈 같은 것에 관심을 기울이고 잡아당기기도 합니다. 주의를 주면 크게 소리 내어 울기도 합니다. 둘레에서 음식을 먹고 있는 아기가 있을 때는 이런 일로 방해하지 않도록 해야 합니다.

잘 놀고, 잘 자면서, 음식도 잘 먹을 수 있게 간단한 이유식을 먹일 때도 이유식이기 때문에 색깔과 음식물을 담는 접시와 그릇 모양 같은 것을 잘 챙겨야 합니다. 교사가 맛있게 먹는 척하며 아기에게 부드럽게 말을 걸면서 먹게 합니다.

12개월 무렵

이 시기에는 잘 기어다니고, 많이 움직입니다. 이유식도 마지막 단계를 바라봅니다.

이 시기에 나타나는 특징 몇 가지를 살펴보도록 하겠습니다.

첫째, 분유나 엄마 젖에 거의 기대지 않습니다. 하루에 이유식 세 번, 간식 두 번, 유유 두 병으로 배가 부를 만큼 먹습니다.

둘째, 소화 흡수 능력이 높아지고 이도 다 나서 굽거나 튀긴 음식을 먹을 수 있습니다. 굽는 것은 불에 바로 갖다 대거나, 복사열을 이용하거나, 식품에서 물기를 빼앗는 것이라서 섬유가 바짝 줄어들고 단단해집니다. 따라서 소화가 잘 안 됩니다. 튀기는 것도 기름 때문에 식품에서 물기가 줄어들어 소화가 잘 안 됩니다. 그러나 열로 누르거나 기름을 써서 만든 음식에서 삶거나 조려서는 느낄 수 없던 맛을 맛볼 수 있는데, 이렇게 해서 아기들은 여러 방법으로 만든 음식 맛을 풍성하게 만나면서 기본 틀을 몸에 익혀 갑니다.

셋째, 음식을 손으로 집어 먹고 싶어합니다. 이것은 스스로 먹고 싶다는 뜻입니다. 자기 혼자 먹고 싶어도 제대로 숟가락을 쥘 수 없으므로 이렇게 합니다. 이럴 때는 숟가락 쥐는 법을 가르쳐 주면서 손으로 집어 먹어도 괜찮은 음식을 한두 가지 옆에 놓아 주면 좋습니다. 썰어 놓은 오이나 얇게 썬 사과, 토스트 빵 같은 것을 옆에 놓아 줘 봅시다.

넷째, 먹는 양이 바뀝니다. 아침에는 잘 먹었는데 점심은 안 먹으려 하거나, 전날까지는 잘 먹었는데 갑자기 먹지 않기도 합니다. 이것은 아직도 몸의 기능이 일정 단계까지 다다르지 못해서 신진 대사가 날마다 달라지기 때문입니다. 그러므로 얼굴 표정이 좋고 기분도 좋으면 조금 덜 먹더라도 걱정하지 않아도 됩니다.

먹기 전후에는 흐르는 물에 손을 씻고 "잘 먹겠습니다." "잘 먹었습니다." "고맙습니다." 하고 말하게 합니다. 아기들은 동무들이 하는 모습을 보면서 자기도 앞치마를 두르거나, 손을 씻습니다. 아기 행동을 하나하나 살펴보면서 더욱 열심히 키웁니다.

12개월 이후

이유식이 끝날 무렵부터 1년 3개월 무렵까지 윗턱에 음식물을 꼭 붙여서 혀로 핥고 삼키는 것처럼 마시고 먹는 것을 볼 수 있습니다. 이것은 이유식이 끝났다고 생각하여 유아식을 그대로 줄 때 나타나는 현상입니다. 이러한 현상은 혀를 잘 움직이지 못할 때 스스로 먹을 수 없는 큰 음식을 입으로 가져가면 나타납니다. 그러므로 당황하며 포기하지 말고, 진정한 유아식으로 옮아갈 때까지 잘 살펴보아야 합니다.

또, 평소에 먹던 음식과 다른 것이 나오면 먹지 않기도 합니다. 이 시기에는 먹어 보지 못한 음식을 먹어 보고 싶어하지 않고, 먹지 않으려고 합니다. 그러므로 지금까지 먹어 본 음식에 다른 음식을 조금씩 보태어 유아식으로 옮아갈 수 있게 해 줘야 합니다.

이 시기에는 미각과 후각이 발달하기는 했지만, 아직 세밀하게 나뉘지 못했습니다. 여전히 싱겁게 간을 하고, 후추나 마늘 같은 향신료를 쓰지 않아야 합니다.

이유식에서 유아식으로 옮아가는 시기에는 식단을 작성하고, 만드는 방법이 까다로워 조금 더 마음을 써야 합니다. 그러나 이 문제는 어린이집에서 이유식을 먹이기 시작할 때부터 나타나는 큰 문제 가운데 하나입니다.

추천 이유식

직장에 다니는 어머니는 당연히 자기 아이가 어린이집에서 어떻게 지내는지 걱정합니다. 하물며 첫아이라면 더할 것입니다. 교사들은 이런 어머니들을 늘 마음에 두고 집에서 믿고 기댈 수 있도록 격려해 주며,

함께 아이 키우는 문제를 생각할 수 있어야 합니다.

더구나 날마다 되풀이되는 생활 속에서 아기가 처음 경험하는 이유식이라는 문제를 잘 풀어 나가기는 아주 힘듭니다. 두 번 먹고 세 번 먹을 때 "집에서도 규칙을 정해 먹여 주세요." 할 것이 아니라, 아기들마다 어떤 음식을 얼마 만큼 먹이는 게 좋은지 서로 의견을 나누어 봅시다. 쉬는 날에 집에서 어린이집과 같은 양과 리듬으로 먹이지 않는다고 무조건 잘못이라고 할 수 없습니다. 거기에는 그렇게 해야 할 까닭이 있을 것이니 그 의견을 나눌 수 있는 관계를 만들어 가야 합니다.

어린이집과 집에서 함께 이유식을 권할 때는 아이의 건강 상태를 잘 알아 놓아야 합니다. 설사를 하거나 열이 날 때는 평소에 주는 이유식보다 소화가 더 잘 되는 것으로 만들어 주어야 하므로, 건강 상태는 날마다 확인해야 합니다.

또한, 어린이집에서 이유식이 다음 단계로 들어갈 때는 그 사실을 집에 잘 알려 주어야 합니다. 그렇게 하면 쉬는 날 식단도 달라질 것입니다. 서로 돕고, 슬기와 힘을 모아 즐겁게 이유기를 넘겨야 합니다.

생활 습관

생리 리듬에서 생활 리듬으로

우리는 신생아가 마시고 자고 우는 것뿐 아니라, 하루가 다르게 사람 다워지는 모습을 봅니다. 그러나 아기는 저절로 이렇게 바뀌지 않으므로 둘레에서 어른들이 애정 넘치는 따뜻한 마음으로 보살펴야 합니다. 아기는 어른들이 사람답게 보호해 주기를 바라며 사람 사회에서 생활해 나갑니다.

무엇보다 아기가 목숨을 이어나갈 수 있도록 어른이 보호해 줘야 합니다. 아기가 먹고 똥오줌을 누고, 깨어나고 자고, 체온을 유지해 가는 따위 생명체가 갖는 생체 리듬을 잘 지켜 나갈 수 있도록 보호해야 합니다. 더구나, 자기를 보존할 수 있는 능력을 높여 갈 수 있도록 욕구를 충족시켜 주어야 합니다. 이 두 가지를 조화롭게 채워 주고 보호해 주어야만 아기를 참으로 사람답게 보호할 수 있습니다.

엄마 젖이나 분유를 먹지 않으면 아기는 목숨을 이어나갈 수 없습니다. 물론 아기도 살아갈 수 있는 강한 힘이 있겠지만, 스스로 엄마 젖을 찾거나 우유병이 있는 곳에 갈 수 없습니다. 어른은 엄마 젖이나 분유를 아기가 먹을 수 있게 해 주어야 합니다. 또, 아기가 자기를 보존하는 능력을 높일 수 있게 하려면 어떻게 먹을 수 있게 해야 좋은지 생각하고 준비해야 합니다. 이렇게 해야 아기는 사람답게 먹고, 사람답게 똥오줌을 누며, 사람답게 살아갈 수 있습니다. 물론, 억지로 하게 할 수는 없습니다. 오히려 그렇게 하면 사람이 가진 생리 리듬이 깨질 수밖에 없으므로 천천히 끈기 있게 해 나가야 합니다. 우리는 아기가 이렇게 '생리 리듬에서 생활 리듬으로' 나아갈 수 있도록 이끌어 주는 길잡이입니다.

'사람답게 먹고 마시고, 사람답게 똥오줌을 누고, 사람답게 눈뜨고, 사람답게 흥미를 보이고, 사람답게 쉰다.' 이렇게 '사람답게' 사는 것이야 말로 인류가 쌓아올린 문화이고, 아기는 그 문화 속에서 태어나면서 사람으로 살아갑니다. 이런 것을 생활 습관이라고 합니다. 그런데 이 생활 습관을 익히는 과정, 즉 생리 리듬에서 생활 리듬으로 바꾸는 과정은 그리 쉽지 않습니다. 아기는 열 달 남짓 엄마 뱃속에 있다가 어느 날 한순간 바깥세상에 나오는데 금방 사람답게 마시라고 한다고 해서 그렇게 할 수는 없습니다. 그저 아기는 사는 것에만 집착하고 있을 뿐이며, 사람답게 살아야 하는 것을 거부합니다. 그리고 천천히 차례대로 익혀 가겠다고 호소합니다.

우리가 아기의 처지에 서서 아기가 인류가 만들어 온 문화를 올바로 이어 가게 하고, 함께 사는 사람들과 모임을 이룰 수 있는 첫걸음을 익히게 하면 아기는 생리 리듬에 무리가 가지 않고, 기분 좋게 생활 리듬을 익힐 수 있습니다.

먼저, 어떻게 해야 음식 문화를 아기의 생리 리듬에 맞출 수 있는지 생각해 보겠습니다.

음식

3개월 무렵

신생아 때는 불규칙하게 젖을 먹다가, 1개월 무렵부터는 두 시간쯤 사이를 두고 젖을 먹습니다. 이것은 위가 어느 정도 커졌다는 뜻입니다. 만약, 이 때까지도 삼십 분쯤마다 젖을 달라고 보챈다면 한 번 먹을 때 적게 먹거나, 어른이 아기가 바라는 것을 올바로 판단하지 못했기 때문입니다. 젖 먹는 시간이 일정해지면 이유식을 먹을 수 있는 바탕이 생긴 것이고, 열심히 혀나 입술 그리고 턱의 근육을 움직여 젖을 빨기 때문에 여러 기능이 잘 발달해 갑니다. 또 아기는 열심히 먹고 만족하기 때문에 정서가 안정되고, 살고 싶어하는 마음이 생깁니다. 그러므로 영양 균형을 잘 생각해서 이유식 식단을 짜야 합니다.

엄마 젖은 소화가 잘 되므로 태어난 지 6개월 무렵에는 두 시간이나 두 시간 반쯤 사이를 두고 먹여도 괜찮습니다. 젖 주는 시간이 일정해야 한다는 생각을 버리고, 아기의 얼굴빛과 태도에 맞춰서 천천히 시간을 조정해 나가는 것이 중요합니다. 분유를 먹일 때도 마찬가지입니다. 3개월이 지나서 이유식을 시작할 때는 세 시간 반에서 네 시간쯤 사이를 두고 젖을 먹이면 됩니다. 어떻게 젖을 주든지 마음을 차분히 하고 주어야 합니다.

5개월 무렵

엄마 젖이나 조제 분유만 먹는 생활에서 벗어나 천천히 다른 음식을 먹기 시작할 때입니다.

이유식을 시작하기 이전에 과일즙이나 채소즙을 주는데, 어느 시간에 줄 것인지 잘 정해야 합니다. 어린이집이나 집 어디에서 주더라도 오늘은 아침에 주다가 내일은 낮에 주다가 하면 안 됩니다. 규칙을 정해야 합니다. 이유식을 시작할 때도 되도록 일정한 시간에 줘야 합니다. 이유식은 오전에 먹이는 것이 좋습니다.

먹기 전에 음식받이 수건을 둘러 주고, 손을 씻기고, 아기 손에다 교사의 손을 얹어서 "잘 먹겠습니다." 하고 말해 줍니다. 먹일 때는 다정하게 말을 건네면서, 끈기 있게 천천히 안정을 시키고 먹여야 합니다. 먹을 수 있는 음식이 점점 많아지고 양도 많아지면서, 아기는 먹여 주는 어른을 이상하다는 듯이 빤히 쳐다봅니다. 젖을 먹일 때와 같이 아기와 마주 보고 부드럽게 말을 하면서, 때로는 어른이 먹는 흉내를 내어 아기가 보게 하면서 먹는 것을 익혀 가게 합니다.

태어난 지 반 년 무렵부터 우유병을 손에 쥐게 해 주어야 합니다. 금방 놓쳐 버리긴 해도 몇 번이고 되풀이하면 어느덧 할 수 있습니다.

이 시기에는 앞턱을 확실하게 움직여서 음식을 먹고, 잇몸으로 씹어서 삼키고, '꿀꺽' 하고 마십니다. 이러한 훈련을 끈기 있게 계속 해 나갑니다.

7개월 무렵

하루에 이유식을 두 번 줍니다. 보통 보건소에서 지도하는 대로 아침 6시에 분유, 10시에 이유식과 분유, 오후 2시에 분유, 저녁 6시에 이유식과 분유, 밤 10시에 분유를 줍니다.

이유식은 몸이 좀 더 활발하게 움직일 때 주는 것이 좋습니다. 그렇게 보면 오전 10시와 오후 2시에 주는 게 좋은데, 어린이집에서는 아기가 아침에 어린이집으로 오는 시간과 어린이집에 머무는 시간에 따라 달리하기도 합니다. 또한, 그 시간에 간식을 주고 아침이나 저녁에 집에서 또 한 번 이유식을 주기도 합니다.

집에서는 아침 6시 젖 주는 시간에 분유나 엄마 젖 대신 첫 이유식을 주고, 모자란다 싶으면 분유나 엄마 젖을 주는 것이 좋습니다. 아침에 이유식을 주기 힘들면 저녁 젖 주는 시간에 분유나 젖 대신 이유식을 줍니다. 다만, 저녁에 주는 것이 바람직합니다.

이 때쯤에는 척추가 확실히 자리잡습니다. 몸에 맞는 밥상과 의자를 준비하고, 동무들이나 식구와 함께 먹는 것을 소중하게 생각하도록 하면서 먹게 합니다. 또, 이가 나오면서 잇몸으로 확실하게 씹습니다. 아기가 씹을 수 있도록 체계를 갖추어 식단을 짜야 합니다. 사과를 얇게 잘라서 손에 쥐어 주거나, 오이를 연필 두께만 하게 잘라서 손에 쥐어 주거나 하여 '우물우물' 거리는 시기를 잘 보내도록 해 주어야 합니다.

먹고 싶어하는 마음을 존중하고, 정해진 양을 정해진 시간에 가리는 음식 없이 먹게 하고, 먹을 때는 즐겁게 먹을 수 있도록 해야 합니다. "잘 하네." "꿀떡 삼켜." "이건 뭐지?" "당근이네." "맛있지?" 같은 말을 건네면서 아기가 눈으로 보고, 귀로 듣고, 손으로 만지게 하면 몸과 마음에 영향을 끼칩니다.

이 시기에는 아기가 생활 리듬을 익혀 가면서 잘 놀고 잘 자기 때문에 먹는 양도 점점 늘어납니다.

9개월 무렵

제대로 기어다니고, 활동도 크게 늘어나는 시기입니다. 무엇이든지 손에 잡히는 것은 입으로 가져가고 싶어합니다. 이유식도 하루에 세 번 주고, 간식도 두 번 주어야 합니다.

이 무렵에는 어른이 밥상을 준비하는 것을 보면 가까이 다가옵니다. 그럴 때는 "자, 쉬하고 손 씻고 밥 먹자." 하면서 오줌을 누게 한 뒤에 손을 씻게 하고 깨끗하게 먹는 버릇을 길러 줍니다. 아기들은 흐르는 물에 손 씻는 것을 좋아합니다. 겨울에도 계속 이렇게 실천해 갑시다.

밥상에 앉아서 동무들이 앉을 때까지 기다리게 합니다. 손장난을 하면 "오늘은 …… 먹을 거야." 같은 말을 하면서 차례대로 손을 씻고 오는 동무들을 기다리게 합니다. "자, 먹자." 하고 교사가 말하면 "잘 먹겠습니다." 하고 말하고 먹게 합니다.

이 시기에는 숟가락을 쥐고 싶어도 아직 잘 못 쥐어 손으로 집어 먹고 싶어합니다. 숟가락은 잘 못 쥐지만, 사람답게 생활하기 위해서 아기가 나름대로 처음 쓰고 싶어하는 도구라고 할 수 있습니다. 그러므로 교사가 아기 손을 같이 쥐고 숟가락으로 먹는 것을 잘 가르쳐 줍니다. 또한, 예비 숟가락으로 먹여 줘도 괜찮습니다. 무조건 손으로 집어 먹지 못하게 하지는 말고, 숟가락으로 먹는 게 기본이라고 가르쳐 줍니다.

스스로 물잔으로 물을 마시게 하고, 국도 먹게 합니다. 아기들은 흘리는 것도, 더러워지는 것도 아랑곳하지 않고 오로지 먹는 데만 마음을 씁니다. 흘린 물로 물장난도 합니다. 이럴 때는 "그러면 안 돼." 하고 야단치지 말고, 늘 둘레를 깨끗이 해 놓습니다. 그리고 날마다 생활하면서 깨끗해야 기분이 좋다는 것을 알게 해 주어야 합니다.

먹고 나면 물로 손과 얼굴을 씻게 하고, 국물 같은 것을 흘려 젖은 옷을 갈아입혀서 산뜻하게 해 줍니다. 거울을 보게 하고 "깨끗하지?" 하고 알려 주고, 동무들에게도 알려 주어 동무들도 같이 생각하게 합니다.

12개월 이후

이유식을 먹이는 시기가 거의 끝나고 유아식으로 옮아가는데, 완전히 옮아가기까지는 조금 시간이 걸립니다. 이 상태가 12개월 무렵부터 1년 반 정도까지 이어집니다. 이 때는 먹는 양이 들쭉날쭉하지만 너무 얽매이지 않고, 즐기면서 먹을 수 있게 해야 합니다. 잘 놀고, 잠도 푹 자고, 정해진 시간에 먹으면서 기본 생활 리듬이 몸에 배면 배고픈 것도 알게 되어 잘 먹습니다.

이 시기에는 호기심이 많아지고, 밥상 위로 올라와서 먹을 것처럼 행동하며, 먹겠다는 뜻을 뚜렷하게 표현합니다. 이 때 교사가 먹여 주려

하면 뿌리치고 혼자 먹으려고 합니다. 무조건 못 하게 하지 말고, 스스로 하고 싶어하는 마음을 행동으로 나타내는 것으로 이해하고 따뜻하게 받아들여야 합니다. 싫어하는 음식이 나오거나 먹기 싫을 때는 몸을 뒤로 젖히며 떼를 쓰기도 합니다.

동무와 같이 먹고 있다는 것을 깨우쳐 주며, 먹기 싫어할 때는 억지로 먹이지 말고 잠깐 사이를 두었다가 먹이는 것도 연구해 봅시다. 이유식을 순조롭게 해 오지 못한 아기는 이 시기에 다른 아이처럼 먹을 수 없습니다. 무조건 먹는 양까지 같아야 하는 것은 아니므로 아기마다 알맞게 먹을 수 있게 합니다.

숟가락을 잘 쥐기까지는 아직도 한 단계가 더 남아 있습니다. 먹기 쉽게 숟가락 쥐는 법을 가르쳐 주고, 스스로 먹을 수 있게 가르쳐 갑니다. 그릇을 한쪽 손으로 쥐게 가르치는데, 너무 서둘지는 맙시다.

한 살 어린이 반에서 주의할 점

4월에 어린이집에 들어온 아기와(일본은 4월에 새학기가 시작된다. 옮긴이) 다른 어린이집에서 옮겨 온 아기에게 관심을 더 많이 기울여야 합니다. 이 아기들은 작은 보육 기관에서 큰 보육 기관으로, 집에서 보육 기관으로 생활 환경이 달라지는데, 이 때 바뀐 환경에서 잘 적응할 수 있게 보살펴 주도록 합니다. 한 살 어린이는 다른 나이대와 달리 한 달만 차이가 나도 많이 다릅니다. 따라서 한 살 어린이를 키울 때는 개월 수마다 나타나는 특징을 잘 살펴 이유식을 만들어 먹여야 합니다. 그러나 여기에만 얽매이면 한 살 어린이 반을 어떻게 받아들일까 하고 생각하는 것보다, 아이들 하나하나에게 이유식을 먹이는 데만 쫓기고 그것으로 보육이 끝났다고 생각하기 쉽습니다. 때로는 아이들 가운데 반 정도가 먹을 수 있는 음식으로 식단을 짜서 모두 같이 먹자고 하면서 먹게 하는 것도 좋습니다.

한 살 무렵은 사람이 사람답게 생활하기 위한 바탕을 만드는 시기인데, 이유식을 같이 먹으면 어른과 가까워지면서, 조금씩 동무가 있다는 것도 깨달아서 동무와 가까워집니다. 먹기 전에 손 씻는 차례, 이유식이 자기 앞에 올 때까지 기다릴 수 있는 힘, 동무들이 먹을 수 있는 것이라면 자기도 먹을 수 있다는 것을 깨우쳐 주는 것도 중요합니다.

똥오줌 누기

젖먹이 아기를 키울 때는 어른의 생활 문화와 보육 조건의 차이가 그대로 생활 습관에 반영되는 만큼 어려운 문제입니다.

그 가운데서도 똥오줌을 가리게 할 때는 변기를 쓰는 것과, 기저귀에서 팬티로 바꾸는 것을 일찍부터 가르쳐야 좋다고 하는 관점과, 그냥 내버려 둬도 혼자서 할 수 있다고 하는 관점이 있습니다. 이렇게 두 관점이 아주 다르기 때문에 교사들은 부모와 잘 의논해서 아이의 상황에 알맞은 방법을 생각해야 합니다. 개월 수에 따라 똥오줌을 어떻게 가리게 할지 생각해 봅시다.

3개월 무렵

태어난 지 얼마 되지 않은 아기는 똥오줌 누는 틈이 짧고, 금방 기저귀를 갈았다 싶은데 또 갈아야 할 때가 자주 있습니다. 이 시기에는 아기가 똥오줌이 마렵거나, 눈 것을 거의 알려 주지 못하므로 부지런히 기저귀부터 갈아 주어야 합니다. 똥오줌을 눠서 기분이 나쁜데 기저귀를 갈아서 기분이 좋다는 것을 알게 해 주는 것이 중요합니다.

아기가 울면 먼저 "쉬했니? 깨끗이 하자." 하면서 기저귀를 갈아 줍니다. 갈고 난 뒤에는 "봐, 깨끗해지니까 기분 좋지?" 하고 안아 올려서 얼굴을 마주 보면 울고 있던 아기가 좋아하며 웃을 것입니다. 젖은 채로 있게 놓아 두거나 울게 내버려 두면 점점 똥오줌 눈 것을 알려 주지 않으므로 주의해야 합니다. 먼저 아기에게 좋고, 나쁜 상태를 기억하게 해서 기분이 나쁠 때는 알려 주도록 키웁시다.

5~7개월 무렵

5개월 무렵부터 오줌 누는 틈도 길어지고, 자는 동안에는 오줌을 누지 않기도 합니다. 이 무렵이 되면 목도 확실히 가누고, 기댈 것이 있으면 앉을 수도 있기 때문에 젖을 먹이고 나서나 잠에서 깨어 나면 기저귀가 젖기 전에 교사가 안고 변기에 앉혀 보십시오. 시간이 잘 맞으면 오줌이 잘 나올 때도 있습니다. 그렇다고 해서 늘 변기를 쓰게 할 수는 없습니다. 변기는 혼자서 앉을 수 있을 때 쓰는 게 원칙입니다. 변기에 앉혔을 때는 반드시 교사가 옆에 붙어서 "쉬이." "나왔니?" 하는 말들을 해 줘야 합니다. 그리고 오줌을 누면 반드시 변기 속을 보여 주고 "잘 눴네." 하면서 아이와 같이 확인해 보는 것이 중요합니다.

또 여름처럼 더운 날은 깨어 있을 때 기저귀 대신 팬티를 입혀 시원하고 움직이기 쉽게 해 주면 좋습니다. 혼자서 오줌을 눌 수 있어야 팬티를 입힌다고 생각하기 쉽지만, 기저귀 대신 팬티를 입히는 것입니다. 팬티를 입히면 아이가 움직이기 쉽고, 똥이나 오줌을 누었는지 금방 알 수 있어서 기저귀를 차고 있을 때보다 빨리 갈아 줄 수 있습니다. 게다가 이 무렵이 되면 기저귀 가는 것을 싫어하고, 똥오줌을 누고 나면 가만히 기다리지 않고 바로 뒤척여 버리기 때문에 팬티를 입는 게 아이에게도 저항이 없다고 생각됩니다. 되풀이하는 것 같지만 이 무렵에 팬티를 입히는 것은 어디까지나 기저귀 대신으로 빨래하기도 편하므로 기저귀에서 팬티로 바꾸어 갑시다. 보육실 조건과 교사의 배치 기준 같은 데 따라서 기저귀에서 팬티로 바꾸는 시기는 다를 수 있습니다. 또 아이마다 개월 수에 따라서도 차이가 크게 나므로 무조건 똑같이 하지 않도록 잘 생각해야 합니다.

8~12개월 무렵

이 무렵에는 자유롭게 앉을 수도 있고, 엉금엉금 기어다니기도 하고, 무엇인가를 잡고 일어설 수도 있습니다.

8개월 무렵에는 변기에도 제대로 앉을 수 있고, 10개월부터는 변기에 앉는 것을 싫어하기도 합니다. 때때로 볼 수 있는 일이지만 아이들을 어느 정도 변기에 앉혀 놓기 위해서 앉은 상태에서 손장난을 한다든지, 그림책을 읽어 준다든지, 때로는 마른 수건으로 마사지까지 해 주는 경우가 있습니다. 어떻게든 앉혀 놓아야겠다고 생각해서 그러겠지만, 어른도 오줌 눌 때 다른 데 주의를 빼앗기면 오줌이 마렵지 않은 것처럼 아이들도 신경이 다른 곳으로 가서 오줌을 누지 못하므로 주의해야 합니다. 그냥 "쉬 잘 했니?" 하고 말을 붙이는 정도로 하고 너무 이것저것 간섭하지 않는 것이 좋습니다. 오 분쯤 지나도 나오지 않을 때는 좀 있다가 "쉬하자." 하고 얘기한 뒤에 다른 활동으로 옮겨 갑니다. 그러다 실수하면 손가락으로 가리키며 "아아, 나와 버렸어." "다음엔 변기에다 쉬하자." 하고 그 때마다 변기를 가리킵니다. 그리고 엉덩이를 들 수 있는 때가 되면 똥오줌을 눈 뒤에 "엎드리자." 하고 엎드리게 해서 닦아 줍니다.

한 살 가까이 된 남자 아이들은 서서 변기에 오줌을 누게 하면 성공할 때도 있기 때문에 무리하게 오줌을 누게 하지 말고 아이들의 기분을 존중해서 똥오줌 누는 버릇을 들이게 합시다. 더구나 이 무렵이 되면 똥오줌 누는 버릇이 힘들이지 않아도 몸에 붙으므로 아침을 먹고 나면 반드시 변기에 앉혀서 좋은 버릇이 몸에 배도록 합니다.

마음써야 할 것

한 살 어린이에게 똥오줌 누는 것을 가르칠 때는 변기를 잘 고르는 게 중요합니다. 보통 잘 쓰는 것이 플라스틱으로 오리처럼 만든 변기입니다. 이 변기는 7개월 무렵 된 아이가 앉기에는 조금 불안정하고, 앉아서 발이 마룻바닥에 닿지 않기 때문에 뒤로 넘어지기도 합니다. 이 변기를 쓸 수 있는 시기는 한쪽 발로 물건을 타고 넘을 수 있을 무렵부터이며, 그 이전에는 요강처럼 만든 변기가 좋습니다.

겨울에 설사 따위가 유행할 때에는 기저귀나 팬티를 갈아입힌 뒤에 더운물로 닦아 주면 빨갛게 거칠어지지 않아서 기저귀 때문에 생기는 피부병을 막을 수 있습니다. 또, 교사는 손을 잘 씻고, 변기를 잘 구분하여 써서 설사 같은 질병이 퍼지지 않도록 조심해야겠습니다.

잠자기

3~6개월 무렵

태어난 지 얼마 되지 않은 아기는 하루 종일 거의 자고 있는 상태로, 배가 고프면 깨고 배가 부르면 또 잡니다. 그 사이에 똥오줌을 눠서 기분이 나빠지면 울고, 기저귀를 갈아 주면 또 자는 생활을 되풀이합니다. 2개월 무렵부터는 좋고 싫은 감정이 점점 커져 젖을 먹고 기저귀 가는 것만으로는 만족하지 못하고 상대해 주기를 바랍니다.

어린이집에서도 자고 있을 때와 그렇지 않을 때를 구분해서 일어나 있는 시간을 충실하게 보내게 해 주는 것이 좋습니다. 이 무렵에는 개인차도 꽤 있고 잠도 일정하게 자지 않을지 모르지만, 6개월 무렵까지는 보통 하루에 낮잠을 세 번 잡니다. 아침 7시쯤 일어나 어린이집에 오면 9시에서 10시 반쯤에 한 번 자고, 깨어나서 11시쯤에 이유식을 먹고 어느 정도 논 뒤에 12시 넘어서부터 오후 2시쯤까지 다시 한 번 자고, 4시 반쯤부터 세 번째 잠을 잡니다.

더구나 젖 먹는 기간에 따라서 자는 시간이 정해지기 때문에 깨어 있을 때에는 이유식을 잘 먹여서 자는 시간을 조정해야 합니다.

6개월에서 두 살 무렵

이유식을 두 번 하다 세 번 하기 시작할 무렵에는 생활 리듬도 규칙이 생깁니다. 이 무렵부터 아침 7시쯤에 혼자서 깨어 아침도 단단히 먹고 어린이집에 가는 버릇을 들이면 유아기에 생활 습관을 스스로 세워 나갈 수 있습니다. 그러므로 부모에게도 아기가 아침에 정해진 시간에 일어나 아침을 먹을 수 있게 도와 주도록 해야 합니다. 아침 리듬이 일정해지면 어린이집에서 생활 리듬도 자리를 잡습니다.

어린이집에서도 10시 반쯤부터 일광욕을 하거나, 모두 같이 놀 수 있으므로 오전에도 무리 없이 잘 수 있습니다. 그 날 움직인 양이나, 전날 밤에 잠잔 시간을 생각하여 몸 상태를 보면서 적당한 때에 깨워 제 시간에 이유식을 먹을 수 있게 합니다. 너무 오래 자게 해서 먹는 시간을 어기면 결국 오후에 제대로 못 자므로, 저녁때 부모가 데리러 올 때쯤에는 기운 없이 늘어집니다.

낮잠을 두 번 자는 것이 자리를 잡을 무렵에는 이유식을 세 번으로 늘여 갑니다. 아이에 따라서는 오전에 잘 자면 저녁때 자지 않고 놀고 싶어하기도 하고, 때로는 이와 반대 현상이 나타나기도 합니다. 그 때부터 천천히 한 번만 재웁니다. 두 번 재우다 한 번만 재울 때는 개인차를 생각하면서 초조해하지 말고 천천히 가도록 합니다. 한 번만 자도 괜찮다가 아이가 칭얼대거나 하면 또다시 두 번 재우기도 하면서, 아이의 상태를 잘 보면서 재우도록 합니다. 한 살이 되었다고 해서 모든 것을 새로 바꾸지 말고, 개월 수에 따라 조정하면서 아이들이 여유 있게 지낼 수

표 10 개월 수에 따른 한 살 어린이의 잠버릇과 보육 목표

	신생아	2개월부터	4개월 무렵	6개월 무렵	9개월 무렵	12개월부터 15개월 무렵
아침의 상태	거의 자고 있다. 보통 배가 고프면 눈을 뜨고, 기분이 좋아지면 또 잔다.	기분 나쁜 것뿐만 아니라 다른 속내도 생각하라는 듯이 젖 먹고 기저귀도 갈구면서 아니라 다른 욕구도 나타난다. 상대를 해 달라고 요구한다.	보통 네 시간에 한 번씩 아침을 잘 잔다. 이유식을 먹이에서 10시 30분쯤에 움직일 수 있다. 이유식을 두 번 준다.	오전 7시쯤에 일어나서 아침을 잘 먹으면 10시까지는데 안정된 상태이다. 이유식을 세 번 준다.	아침 10시 받이까지 잘 논다. 하루에 낮잠을 두 번 오하기도 한다. 하루에 낮잠을 한 번만 재우면 이유식을 세 번 준다.	아침에 자지 않는다. 오후에 두 번 자는 것을 싫어하기도 한다. 하루에 낮잠을 한 번만 재우면 처음에는 푹 자지 못해서 짐에서 일찍 재우지 않으면 리듬이 깨질 수 있다.
			잠에서 깨어 활동할 수 있는 시간이 길어진다. →			
생활 리듬	조용한 환경을 만들어 젖을 주거나, 기저귀를 갈아 주어서 기분 좋게 해 준 뒤에 다시 조용히 재운다.	조금 나쁘면 젖을 준다. 눈을 뜨면 상대를 해 주어 잘 때와 깨어 있을 때를 확실하게 구분해 준다. 깨어 있는 시간을 점점 내어 해 준다.	자고 나면 젖을 주는 시간은 아침 7시쯤으로 한다. 오전에 낮잠을 한 번 재우고 11시쯤에는 늦게 해 준다.	아침 리듬이 중요하므로 어린이 잠에 오시에도 10시에서 10시 30분쯤까지 움직이게 한다. 지기 전에 움직이면 오전에 낮잠을 잘 수 있다.	활동량에 따라 오전에 낮잠 한 번만 재운다. 이를 잘 자면 오후 1시에서 2시까지 잠이 있어서 아이도 엄마도 좋다. 점심 밤 재우고 12시부터 오후 1시까지는 깨워고 자는 시간을 일정하게 해 주는 것이 좋다.	아이의 상태를 보고 낮잠을 한 번만 재운다. 이를 한 번만 잠으로 크게 바뀌기 때문에 진에 아이가 잠을 잘 안 자도 2시까지는 잠을 때우는 시간과 간식 먹는 시간이 뒤바뀌기도 하여 오후에 낮잠을 제대로 잘 수 없다.

자료: 《키워 내기》, 신가나오카센터 어린이집

있는 리듬을 만들어 줍시다. 아이들은 푹 자지 못하면 밥맛이 없어지고, 놀지도 않으려고 합니다. 거기에다 주의력이 둔해지는지 쉽게 다치고, 별것 아닌 일로 놀이 도구 위에서 떨어지기도 하므로 어른 편하려고 재우는 시간을 못박아 놓으면 안 됩니다. 그러나 어린아이의 생활 리듬은 어른의 노동 실태에 따라 크게 달라지기 쉬운 만큼 아이들의 스물네 시간을 어떻게 짜 맞출지 부모와 잘 의논해서 아기가 잘 잘 수 있고, 반짝 눈뜨고 기운차게 움직일 수 있도록 서로 연구해 봅시다.

개월 수에 따른 한 살 어린이의 잠버릇과 보육 목표를 표 10에 정리했습니다.

마음써야 할 것

한 살 시기에는 아기가 쉽게 잠들 수 있도록 환경을 만드는 것도 중요합니다. 먼저, 침대를 어디에 놓을지 생각해 봅시다. 햇빛이 너무 많이 들어오지 않고, 되도록 조용한 곳에 놓도록 합니다. 그렇다고 해서 잠자는 방을 따로 정하면 교사의 눈길이 미치지 않아 좋지 않습니다. 아이가 자고 있으니까 괜찮다고 안심하지 말고 자고 있을 때도 때때로 살펴보아야 합니다. 더구나 몸 상태가 좋지 않을 때는 갑자기 나빠지는 일이 있으므로 잘 살펴야 합니다.

아기가 깔고 자는 요는 얇고 흡수성이 좋은 것을 씁시다. 어린이집에서 쓰는 이불은 가로 60센티미터, 세로 90센티미터에서 1미터쯤으로 그다지 크지 않아도 되고, 두께는 어른 담요를 네 번 접은 정도면 좋습니다. 첫아이일 때는 푹신푹신한 이불을 준비해 놓는 일이 많은데, 잘 때 몸이 가라앉아 건강에도 좋지 않으므로 얇은 것으로 바꿔 줍시다. 또 태어난 지 몇 달 되지 않은 아기를 엎어 놓으면 목욕 수건이나 이불에 눌려 숨이 막혀 죽을 수 있으므로 조심해야 합니다.

놀이

한 살 어린이 놀이 특징

태어나서 43일째에 어린이집에 오는 아기는 아직 눈도 잘 보이지 않고 대부분 잠만 잡니다. 그러나 늘 자고 있는 것은 아닙니다. 자고 깨기를 되풀이하면서 손발을 움직이기도 하고, 멍하니 사물을 보기도 하고, 여러 가지 소리를 듣기도 합니다. 아기는 태어날 때부터 활동하고 있습니다. 눈을 뜬 것 같아서 가까이 가 보면 고개를 들려는 것처럼 해서 무엇인가 듣고 있는 듯한 몸짓을 하며, 얼굴 둘레에 흔들흔들 움직이는 부드러운 햇빛을 넋을 잃고 바라보기도 하고, 소리를 듣는 것 같기도 합니다. 아기는 자연을 가지고 놀고 있다고 할 수 있습니다.

이렇게 한 살 시기의 아기한테 들어 있는 살아가는 힘을 어른들이 알아차려야 합니다. 아기는 기저귀를 갈거나, 젖을 먹을 때 돌봐주는 엄마와 교사를 보면서 점점 다른 사람과 관계를 맺어 갑니다. 갓 태어난 아기는 '우는 것' 말고는 다른 표현을 할 수 없습니다. 무엇을 해 주기 바라면서 우는지 어른이 재빠르게, 정확하게 알아차려야 아기는 어른을 마음 놓고 믿을 수 있습니다.

한 살 시기의 아이들은 일 년 동안 "보고, 듣고, 만지고, 맛보고, 냄새 맡는 오감 자극을 받아들여 발달해 간다고 합니다. 보거나 듣거나 만지면서 놀고 있는 사이에 물건을 쥘 수 있기도 하고, 흔들어 소리를 내기도 하면서 차례차례 다음 단계로 발달해 갑니다." 하고 도다 마루하치로와 도다 세츠코는 《영차! 기타 다나베 어린이집은 살아 나갔다》에서 이야기합니다.

한 살 시기에는 한평생에서 아이가 가장 빨리 바뀝니다. 방금 태어난 아기가 사람답게 자라 사람답게 살아가기 위해서는 이 한 살 시기의 일 년이 무엇과도 바꿀 수 없는 중요한 시간이라 할 수 있습니다.

한 살 시기의 아기에게 가장 중요한 일은 어른과 서로 마주 보고 즐겁게 노는 것입니다. 한 살 시기에는 어른이 아기의 발달 특징을 확실히 받아들여 아기와 마주 보고 즐겁게 관계를 맺는 것이 놀이입니다. 생활해 가면서 깨끗하고 살기 좋은 환경과 사람으로서 살아갈 수 있는 생활 리듬을 만들어 주고, 알맞은 장난감을 주고, 어른과 관계를 맺게 하고, 같이 크는 또래 집단에 마음을 쓸 수 있게 해야 합니다.

목을 가눌 때까지 _ 4개월 무렵까지

어른과 믿음을 주고받으며

아기는 거의 하루를 이불 속에서 보내지만, 이불 속에 있든지 방바닥에 있든지 무엇보다 깨끗하고 기분 좋게 보내야 합니다. 교사는 아기가 젖이나 분유를 잘 먹는지, 기저귀는 젖지 않았는지, 옷은 더럽게 하고 있지 않은지 끊임없이 살펴보아야 합니다.

기저귀를 갈아 주려 하면 아기는 인기척에 움직이다 말고 교사의 얼굴을 가만히 처다봅니다. "○○야, 깼니? 잘 잤어? 기저귀는 안 젖었니?" 하면서 기저귀를 갈아 줍시다. 기저귀를 빼면 아기가 "응." 하고 기지개를 켜듯 발도 쭉 뻗으며 아주 기분 좋은 표정을 짓습니다. 이럴 때는 다리를 문질러 주기도 하고, "기분 좋지?" 하고 얼굴을 보면서 이야기하면 아기는 "우구, 우구." 하고 목 안쪽에서 소리를 내 대답합니다. 아기를 볼 때는 반드시 똑바로 눈을 마주 보아 마음을 놓게 해 주어야 합니다. 신경질을 내거나 화를 내면 아기가 민감하게 알아차려 불안정해지기 쉬우므로 느긋하게 대해 줘야 합니다. 얼러 줄 때 아기가 소리를 내어 웃으며 "아구, 아구." 하고 옹알이를 하면 교사가 같이 활발하게 놀아 주어야 합니다. 이 무렵에는 어눌하게 말소리를 내는데, 천천히 분명하게, 바르고 풍부하게 감정을 넣어서 말을 걸어 주도록 합니다. 《영차! 기타 다나베 어린이집은 살아 나갔다》를 보면 "귀찮아하지 않고 웃으며 표정을 풍부하게 보여 줄 때 사람을 믿고 살아가려고 하는 힘이 어린 생명 안에 싹튼다."고 합니다.

반듯하게 누워서 놀기

빨간색과 주황색 같은 색으로 만든 산뜻한 모빌을 천장에 매달아 주기도 하고, 부드러운 소리가 나는 방울을 준비해서 아기가 깨어 있을 때 놀 수 있도록 해 줍시다. 바람에 흔들리는 색깔 예쁜 모빌을 가만히 쳐다보기도 하고, 부드러운 방울 소리를 듣기도 하면서 아기는 우연히 손에 닿은 물건을 쥐기도 하고, 기분 좋게 혼자 잘 놉니다. 이럴 때, 살짝 다가가 작은 방울이 달린 막대기 같은 것을 "예쁜 소리가 나네, 아이 잘하네." 하면서 쥐어 주고 흔들어 주면 어른과 같이 있어 기뻐하며, 쥐거나 흔들거나 하는 손 운동도 발달합니다.

아기는 주먹을 뻗어서 바라보기도 하고, 입에 가져갈 수 있으면 점점 손과 손, 발과 발로 놀 수 있습니다. 이 무렵에는 손으로 핥고, 흔들고, 잡아당길 수 있는 장난감이 있어야 합니다. 매다는 장난감도 천장과 침대 난간에 붙여 줍시다. 잡아당기면 눈 앞에 올 수 있도록 고무줄이나, 잡기 쉽고 만지면 소리나는 것으로 장난감을 만들어 주면 좋습니다. 방울이나 딸랑이처럼 소리나는 장난감으로 계속해서 보고, 듣는 것을 발달하게 해 주어야 합니다.

누워 있을 때 잘 갖고 놀 수 있는 것은 큰 포장지입니다. "포옥하고 몸보다 큰 종이를 얹어 주면 한순간 숨을 멈춘 듯이 있지만, 손을 흔들고 다리를 버둥거리고 나중에는 꾸깃꾸깃하게 만들어 버려 입으로 가져갑니다. 방울 같은 장난감과 달라서 종이의 감촉이나 바스락거리는 소리는 또 특별한지도 모릅니다."(《영차! 기타 다나베 어린이집은 살아 나갔다》)

자세 바꾸기

침대에 눕혀 재우지만 말고 때때로 방바닥에 엎어 놓거나 안아 주기도 합시다. 처음에는 하루에 한두 번 엎드리는 연습을 시킵니다. 옆에 붙어 있어 주고 힘내라고 격려하면서 지켜봅시다. 아기는 처음에는 머리를 방바닥에 바짝 붙이고 있지만 점점 머리를 들어올리려고 합니다. 아기는 무거운 머리를 들어올리려고 온 힘을 다해 노력하는데, 이 강인함 속에는 어른들 눈이 휘둥그레질 만한 무엇인가가 들어 있습니다. 몸에 붙어 있는 것처럼 밑으로 늘어뜨리고 있던 손도 점점 앞으로 나와 무거운 머리를 흔들흔들하면서 다른 아이들이 움직이는 것을 보기도 하고, 장난감에 정신을 팔기도 하는 아기를 보면 교사는 문득 "잘 하고 있구나." 하고 말해 주고 싶어집니다. 그러면 아기는 기쁜 듯이 방긋 웃습니다.

안아 주면 처음에는 어색하게 안겨 있다가도 흔들리는 것을 좋아하고, 서서 안아 주면 시야가 바뀌어서 그런지 점점 안기는 것을 좋아합니다. 안기려고만 하는 버릇이 생긴다고 잠만 자게 하면 좋지 않습니다.

"안고 밖에 나갈까?" 하고 손을 내밀면 얼굴 가득 웃음이 피어오르고 손을 파닥파닥하면서 안아 달라고 합니다. 날씨가 좋으면 안고 바깥 바람도 쐬어 줍시다. 어린이집 마당에 나가는 것도 좋습니다. 아기는 밝은 햇살에 목을 쭉 빼면서 나뭇잎이 바람에 스치는 소리, 작은 새가 지저귀는 소리를 듣습니다. 멍하니 있어서 자고 있는 것같이 보이지만 자연과 이야기를 나누고 있는지도 모릅니다. 아기는 점점 큰 아이들이 움직이는 것과 둘레 사물에도 눈을 돌리므로 밖에 나가면 기분도 달라집니다.

3~4개월 무렵에는 기저귀도 젖지 않고, 배도 부르고, 아픈 것도 아닌데 칭얼거리며 울 때가 있습니다. 이 시기에는 감정이 슬슬 확실해지므로 안아 주면 안심하는 것 같습니다. 이럴 때도 무조건 안기만 할 것이 아니라 꼭 껴안으면서 "자, 이번에는 ○○가 혼자서 노는 거야?" 하고 말해 주며 기분을 바꿀 수 있게 해 줍시다.

노래부르기, 어르기

아기가 안겨 만족스러워할 때나, 어른도 짜증날 때나, 눈이 와서 분위기가 나거나 하는 날에는 그때 그때 생각나는 노래를 불러 주기도 하고, 콧노래를 흥얼거려 줍시다. 물론 자장가도 불러서 들려줍시다. 마사지를 해 줄 때나 체조를 시킬 때도 몸짓에 맞춰 만든 노래를 불러 주면 좋아합니다.

요즈음에는 자장가를 불러 주는 엄마가 적다는 이야기를 듣습니다. 아기를 가볍게 흔들어 주면서 노래에 맞춰 엉덩이랑 등을 토닥거려 줍시다. 이것은 아주 중요한 일입니다. 가네나가 시로는 《동요는 살아 있다》에서 이렇게 하면 "아기가 이 때까지 겪은 환경 가운데 가장 안전한 환경이던 엄마 뱃속과 비슷한 상태"가 된다고 주장했습니다. 엄마 뱃속에서 아기는 엄마가 움직일 때 함께 천천히 흔들리고, 등 뒤로 엄마 몸에서 대동맥이 일정하게 뛰는 소리를 느끼고 자라기 때문에 그와 비슷

한 상태에서 안심하고 자는 것입니다. 그와 함께 "마음이 편안해지고, 자장가를 불러 주는 엄마와 음악을 친근하게 느껴" 간다고 《동요는 살아 있다》에서 이야기하고 있습니다. 교사는 아기가 발달할 수 있게 돌본다는 점에서도 우리 조상들이 아기에게 불러 주던 자장가와 동요를 이어받아 발전시켜야 합니다. 또한 텔레비전이나 시디(CD), 카세트테이프 같은 기계음을 들려주지 말고 교사가 소리 내어 노래를 불러 줍시다.

정리

아기는 목을 가눌 수 있을 때까지 거의 이불 위에서 하루를 보내는데 이불은 볕이 잘 들고, 온도 차이가 많이 나지 않는 곳에 펴 놓아 아기가 기분 좋게 지낼 수 있도록 해 주어야 합니다. 목을 가누지 못할 때는 기저귀를 갈거나 젖을 줄 때 반드시 머리 뒤를 손으로 받쳐 줘야 합니다. 배밀이는 두꺼운 이불이나 담요 위에서 하게 하면 안 됩니다. 방바닥이나 양탄자 위나 마루에 목욕 수건 같은 것을 깔고 하는 것이 좋습니다. 딱딱한 곳 쪽이 몸을 받치는 데 좋고, 만일 젖을 토하거나 해도 사고를 막을 수 있습니다. 또한 아기 스스로 몸을 뒤집을 때까지는 옆에서 지켜보면서 얼러 주어야 합니다.

3개월 무렵에도 엄지손가락을 손 안에 넣어 쥐고 있는 아기는 마주하고 얼러 주며 잘 놀게 하고, 소리 내어 웃게 하면서 몸과 손발을 활발하게 움직이게 해야 합니다.

목을 가누면 _ 5개월 무렵부터

신나서 논다

아기는 목을 확실하게 가누어 둘레를 둘러볼 수 있으면 두 손도 한결 활발하게 움직이고, 얼러 주면 꺅꺅하고 소리를 많이 냅니다. 교사가 무릎 위나 종이 상자에 담요와 수건을 깔고 몸을 받쳐 주어 앉게 하고, 두 손을 자유롭게 쓰는 놀이도 하게 해 줍시다. 옆에 장난감이 많이 있고, 어른이나 동무가 있으면 더욱 즐겁게 놀 수 있을 것입니다. 이 때는 푹 자고 잘 먹고 즐겁게 노는 리듬이 생깁니다. 집과 서로 도와 여럿이 즐겁게 놀 수 있는 리듬을 만들어 주는 것도 중요합니다. 어른과 관계가 안정되면 동무와 관계를 조금씩 만들어 갑니다. 옆에 있는 동무와 손이 닿으면 서로 웃기도 하고, 가만히 바라보기도 합니다. 방바닥과 마룻바닥 위에서 바로 누워 있거나, 엎드려 있어도 어른이 사이에 끼어 아이들과 놀게 해 줍시다.

이 무렵에 가장 좋아하는 놀이는 까꿍놀이입니다. 종이는 물론 부드러운 천, 이불, 커튼 같은 것들은 뭐든지 재료가 됩니다. 어른이 이런 것들을 두 손으로 잡고 얼굴을 숨기고는 "까꿍." 하면 얼굴을 마주 보고 꺅꺅하고 소리지르며 즐거워합니다. 몇 번이나 되풀이해도 좋아하기 때문에 언제 끝내야 할지 모를 지경입니다. 또 어른 무릎 위에서 손가락을 쥐게 하고 윗몸을 굽혔다 폈다 하거나 아래위로 흔들어 주면 온몸이 기분 좋게 흔들리고, 어른과 까꿍놀이를 하면서 마음을 주고받아서 떠들썩하게 웃습니다. 어른의 무릎 위나 배 위에서도 무서워하지 않고 조금씩 놀게 하면 좋습니다.

물놀이와 바깥 놀이

아기가 목욕할 때 더운물과 찬물에 조금 익숙해지면 낮에 물에서 놀게 해 봅시다. 이유식을 먹기 전이나 먹고 나서 흐르는 물에 손 씻는 습관을 들인다는 뜻도 있으므로 날마다 되풀이해 줍니다. 처음에는 깜짝 놀라지 않게 살짝 대기만 하다가 점점 아기 쪽에서 흐르는 물에 손을 내밀도록 "깨끗이 닦자." 하고 말을 건넵니다. 앞에 거울이 있으면 까꿍하면서 교사와 함께 즐기면서 얼굴을 씻을 수도 있습니다. 여름이라면 세숫대야에 물을 조금 넣고 찰싹찰싹 치면서 놀게 하거나, 작은 물통 속에 바닥에 찰랑거릴 만큼 조금만 물을 넣고 엎드려서 놀게 할 수도 있습니다. 바깥에서 잘 놀게 합시다. 일광욕도 하고 바깥 공기도 쐴 수 있도록 마당에 돗자리나 매트리스를 깔고 모두 동그라미를 만들면서 기어다니는 놀이를 합니다. 이 놀이는 봄에서 여름, 여름에서 가을에 걸쳐 할 수 있는데 아기는 따스한 햇빛을 쬐며 자기보다 큰 아이를 눈으로 좇기도 하고, 눈 앞에 있는 장난감을 만지면서 즐깁니다. 또 손바닥으로 몸을 떠받치고 돌기도 하고, 움직이면서 풀과 흙과 모래에도 손을 뻗쳐 갑니다. 핥기도 하고 입에 넣기도 하기 때문에 잘 살펴야 하지만, 아기가 자연 속에서 적극 움직이며 놀 수 있게 해 줍시다.

정리

5~6개월 무렵 되어 아기가 고개를 가누며 돌아누울 수 있을 때까지는 장난감을 가지고 얼러 주는 것을 좋아합니다. 장난감을 보여 주고 아기 쪽에서 손을 뻗치도록 해 줍시다.

낮에 깨어 있을 때는 이불은 개어 놓고, 장난감을 한가운데 두고 모두 얼굴이 보이도록 자세를 잡아 주면 좋습니다. 세 아이쯤 같이 노는 게 좋고, 날마다 하루 일과가 끝날 때 엎드리거나 기대고 앉아서 서로 마음을 주고받을 수 있게 해 봅시다.

뒤집기를 하면 _ 7개월 무렵부터

몸의 이동

6개월 무렵이 되어 앞의 시기가 끝날 때쯤에는 두 손을 펼쳐서 비행기 같은 자세를 하거나, 손으로 발을 잡고 양 옆으로 데굴데굴 구르다 금세 돌아누울 수 있습니다. 아기는 돌아누울 수 있고, 엎드려서 방향을 바꿀 수 있고, 팔로 몸을 받치고 뒤로 물러날 수 있으면 활발하게 움직입니다. 물건을 발견하면 손을 뻗쳐 잡고, 작은 물건도 움켜잡고 두 손으로 바꿔 쥘 수도 있습니다. 이 무렵에는 마음껏 옮겨 다닐 수 있게 마루 공간을 넓게 잡고 아이들과 교사가 같이 할 수 있는 놀이를 많이 하면서 즐깁시다. 교사도 아기들과 같이 엎드려서 작은 축구공, 펠트나 수건으로 만든 공, 부드러운 고무공같이 데굴데굴 구르는 공을 갖고 놀면서 아기가 마음껏 기어다니게 합시다. 로프로 연결한 나무 토막 장난감이나 깡통으로 만든 오뚝이처럼 아이들이 눈을 반짝반짝하면서 다가갈 만한 장난감을 준비해 둡시다. 나무 상자, 종이, 천으로 만든 끈, 수저, 고무로 만든 장난감, 깡통, 스티커처럼 모양이나 크기, 무게, 색, 질감이 서로 다른 장난감을 많이 줍시다. 아기가 장난감을 핥을 때 칠이 벗겨지지 않을지 잘 살펴서 골라야 합니다.

손 운동을 활발하게 할 수 있도록 잡고, 쥐고, 두들기고, 잡아당기고, 벗기는 놀이를 마음껏 하게 합시다. 매직테이프로 벽에 붙였다 떼었다 할 수 있는 장난감은 이 시기 아이들이 아주 좋아합니다. 펠트로 만든 동물과 탈것에도 매직테이프를 꽉 붙여 둡니다. 또 방울과 고무로 만든 장난감을 준비해 두면 떼는 것뿐만 아니라 잡아당기기도 하고 흔들기도 하고 바꿔 쥐기도 하면서 한참 놀 수 있습니다. 이 시기에는 작은 물건을 엄지와 다른 네 손가락으로 움켜잡을 수 있기 때문에 과자 같은 것을 입에 잘 넣어 버립니다. 과자쯤은 괜찮지만 작은 방울이나 단추나 콩 같은 것을 입에 넣지 않게 잘 살펴보아야 합니다.

이 시기에는 앞 시기보다 교사의 무릎이나 배 위에 더 많이 기어 올라가서 흔들어 달라고 보챕니다. 노래를 불러 주면서 온몸을 기분 좋게 움직여 주면 아주 좋아합니다. 두셋이 같이 해 주면 서로 얼굴을 마주 보면서 웃습니다. 이런 활동은 집단 교육에서 할 수 있습니다. 집에서도 아버지와 같이 자기 전에 아주 잠깐 이렇게 노는 것도 좋겠지요. 그러나 아기의 생활 리듬을 깨면서까지 할 필요는 없습니다. 밤늦게 집에 돌아와 자고 있는 아기를 깨워서까지 하지 않도록 조심합시다.

앉는 자세와 자유로운 손

이 무렵에는 마루에 앉혀 놓으면 앉아서 놀 수 있습니다. 손을 자유롭게 움직이고 둘레에 있는 장난감에 손을 뻗어 잡아서는 만지작거리며 또 다른 장난감으로 손을 뻗칩니다. 이런 놀이뿐 아니라 앉아서 올려다보며 찾는 힘도 생기기 때문에 천장에도 재미있는 장난감을 매달아 놓으면 좋습니다. 천장에 꼭두각시 인형을 매달아 놓고 교사가 잡아당겨 손과 발을 움직이게 하면 놀라워하며 올려다봅니다. 상과 의자 위에 올라가 천장에 매달려 있는 장난감을 조심스레 가지고 놀 수도 있습니다.

또, 지금까지 갖고 놀던 장난감을 통에 넣을 수 있도록 통을 마련해 줍니다. 통과 통 안에 들어 있는 장난감에 빠져들어 손으로 그것들을 가지고 놀 수 있습니다. 처음에는 통을 뒤집어엎기도 하지만 점점 통 안에 손을 집어 넣어서 공 같은 것을 잡으려고도 하고, 통 바닥에 떨어진 것을 들여다보기도 합니다. 이렇게 놀면 숟가락으로 밥그릇에 담긴 밥을 떠먹는 문화를 익히는 데 도움이 됩니다.

이렇게 해서 앉아서 노는 것이 중요하다는 것을 알게 하고, 앉거나 엎드려 노는 놀이를 하면서 하루 리듬을 바꿔 가며 생활하게 합니다. 그러나 절대로 오래 앉아 있게 해서는 안 됩니다.

옹알이

아기는 어눌하지만 말도 늘고, 어른들이 말을 걸면 답할 뿐 아니라 "앗, 아부." 하고 먼저 부르기도 합니다. 그림책 속에 나오는 동물이나 차 같은 것을 만져 보게도 하고, 살아 있는 개나 고양이를 보여 주거나 만져 보게도 하고, 동물이나 사물의 이름을 연결시켜 되풀이해 말해 주기도 하면서 때와 장소에 맞춰서 아이 안에서 말을 끌어 냅시다. 활동이 끝날 때는 반드시 "우유 먹자." "이불에 들어가서 자자." 같은 말을 해 줍시다. 아이들은 교사가 노래 부르면 박자에 맞춰 몸을 움직이기도 하고, 밝은 표정을 짓고 즐거워합니다. 아이들은 그림책을 보아도 그림에는 아직 관심이 없고, 그림책을 읽어 주는 교사의 입과 얼굴 표정, 말에 더 관심을 기울이고 진지하게 파고들 듯이 교사를 쳐다봅니다. 이 시기에는 되풀이가 많은 노래를 들려주고 그림책을 읽어 주는 것이 좋습니다. 아기가 기분이 좋아 음이나 박자에 따라 말을 많이 하도록 만들어 줘야 합니다.

낯가림

7개월 무렵에는 어느 아이나 확실하게 낯을 가려 친한 어른과 친하지 않은 어른을 확실하게 구별합니다. 다른 반 교사가 갑자기 들어오면 장난감을 갖고 놀다가 멈추고 가만히 쳐다보며 경계합니다. 그 자리에 엄마와 날마다 자주 만나는 교사가 있으면 매달리듯 안겨서 반대쪽을 뒤돌아보고 또 뒤돌아봅니다. 이 시기에 낯을 가릴 때는 뒤돌아보는 것이 특징입니다. 또, 상대방이 잘 얼러 주면 아기도 상대방을 받아들입니다. 밖에서 걷고 있는데 "귀엽네." 하고 낯선 사람이 말을 걸면 처음에는 긴장하고 울어도, 교사와 그 사람이 주고받는 말을 듣고 행동하는 것을 보면서 점점 마음을 놓고 웃습니다. 이 무렵에 낯을 가리는 것은 친한 어른과 그렇지 않은 어른을 확실하게 구별하면서 그 동안 발달해 온 것을 표현하고 받아들이는 것이므로 기분이 나아질 때까지 가만히 기다려 줍시다.

정리

한 살 시기 전반기에는 어른이 놀이를 만들어 주어야 합니다. 그리고 아기가 더욱 사람답게 생활할 수 있도록 해가 뜨면 움직이고, 해가 지면 잠을 자게 해 주어야 합니다. 그리고 하루를 질질 끌며 보내게 하지 말고 활동을 마칠 때는 반드시 말을 걸어 주고, 생활에 방점을 찍어 줘야 합니다. 교사는 아이가 발달하는 것을 뒤좇아가는 것이 아니라 앞서서 계획해야 합니다. 교사가 아이의 발달 목표를 확실하게 이해하고 그 목표를 공동으로 실현할 때 아기와 마음을 주고받을 수 있습니다.

이 시기의 후반기라 할 수 있는 8개월 무렵에는 아기가 스스로 목표를 받아들이고, 스스로 활동할 수 있게 도와 줍시다. 장난감을 쥐어 주지 말고 아이가 그 장난감을 잡고 싶어서 손을 뻗치거나 몸을 뒤집거나 기어가서 잡게 해 주어야 합니다.

기어다닐 수 있으면 _ 9개월 무렵부터

장난

이 시기에는 몸을 질질 끌며 기어다니다가 손발로 엉금엉금 기고, 스스로 앉고, 물건을 잡고 일어서고, 잡고 걸으므로 어른은 아기한테 눈을 뗄 수 없습니다. 아이는 앞 시기보다 넓은 곳으로 기어서 돌아다닙니다. 목표까지 기어가서 목표물을 손으로 잡고 앉아 바꿔 쥐기도 하고, 흔들기도 하고, 두들겨 보아 성이 차면 또 다음 목표물 쪽으로 기어갑니다.

이 무렵에는 살짝 보이는 작은 물체, 만지면 모양이 바뀌는 것, 두 손으로 맞부딪치거나 두들길 수 있는 것, 그릇에서 꺼낼 수 있는 것들이 장난감이 되는데 흥미가 점점 커지는 것을 좋아합니다. 아기는 힘을 써서 탐색에 들어갑니다. 위험도 느끼고 즐거움도 느낍니다. 장롱 서랍에서 옷을 끄집어 내거나 쓰레기통을 뒤집어엎기도 하고, 변기가 있는 곳에서 달그락달그락 소리를 내기도 합니다. 이럴 때 사회에서 인정하지 않는 일은 말로 알려 줍니다. 장롱 서랍에서 차례차례 옷을 꺼내면 "꺼내면 안 돼. 셔츠랑 바지는 정리해 놓자. 더러워지면 갈아입어야 하니까." 하면서 물건을 제자리에 넣습니다. 아이가 장난감으로 여기더라도 갖고 놀아서 안 되는 것은 장난감이 아니라는 것을 알게 합니다. 말로 해서 어릴 때부터 가르쳐 가면 물건의 이름뿐만 아니라 여러 가지 일에 대해서도 점점 깊이 이해할 수 있으므로 생각을 바로 합니다. 그런 뜻에서 교사는 '놀이'로 교육하는 교육자이기도 합니다. 이 때쯤에는 이름을 부르면 알아듣고, 말로 혼내고 칭찬하는 것도 구분합니다.

흉내내기

대여섯 아이가 앉을 수 있으면 교사와 마주 보고 노래를 부르거나 손장난을 즐깁니다. 노래를 부르면 몸으로 박자를 맞춰 무엇보다 즐거워하며, 교사와 마음을 주고받는 즐거운 한때가 됩니다. 시디(CD)와 라디오에서 나오는 노래에는 반응을 안 하지만 노래를 소리 내 불러 주면 표정이 달라집니다. 목소리를 카세트테이프나 시디(CD)에 녹음해서 들려주지는 맙시다. 녹음해서 들려주는 소리는 이미 사람 목소리가 아니라 기계 소리일 뿐입니다.

사람과 사람이 한데 어울려 노는 것이 아주 중요합니다. 그림 연극, 인형극, 그림책을 모두 같이 반달 모양으로 앉아 볼 수 있으면 집중력도 생기고, 잘 볼 수 있습니다. "맘맘맘." "난난." 같은 말도 많이 하고, 말다운 말도 해서 마치 아기가 어른에게 연설하는 것처럼 들릴 정도입니다. 어른 말을 흉내내서 "바이, 바이." "때찌, 때찌" "시러, 시러." 같은 말을 하면 더욱 귀엽습니다. 아침 모임 때 이름을 부르면 좀 부끄러워하며 살짝 한 손을 올리고 "아." 하고 대답하는 모습도 아주 귀엽습니다.

이럴 때 아이들은 자기도 모르게 "○○ 잘 한다." 하며 모두 같이 기뻐합니다.

손으로 하는 놀이도 날마다 되풀이해서 잘 하므로 교사는 즐겁습니다. 노래 부르면서 손가락을 구부렸다 폈다 하는 놀이를 되풀이하면서 노래와 몸짓이 연결되어 한 사람씩 흉내내며 서로 마음을 여는 모습이 보입니다.

몸짓, 손짓을 흉내내면서 도구를 같이 쓰는 것을 볼 수 있습니다. 교사가 쓰는 볼펜에 관심을 기울이고, 발견하면 곧바로 종이나 교사가 쓰는 기록표에 볼펜을 문지르듯이 합니다. 이럴 때도 반드시 "여기에 쓰면 안 되는 거야. 선생님이 쓰는 중요한 물건이니까 저리 치우자." 하고 말해 주고, 아기에게는 다른 종이와 연필을 주면서 하고 싶어하는 마음을 채워 줍시다. 머리에 빗을 대는 것도 날마다 식구들이 머리 빗는 것을 보고 흉내내는 것이겠지요. 세면기를 잡고 서면 수도꼭지에 손을 대기도 하고, 옆에 컵이 있으면 수도꼭지에 갖다 대는 모습도 자주 볼 수 있습니다.

만지기

손가락 동작이 섬세해져서 작은 물건을 집게손가락으로 긁어 올리듯 잡고, 잡은 손가락을 조금 들어올리거나 집게손가락을 세우듯이 구부려서 만지작거리기도 합니다. 콩, 단추, 납작한 유리 구슬, 작은 방울 같은 작은 물건과 그것을 넣는 통들을 갖고 놉니다. 이것들을 갖고 놀 때는 입에 넣지 못하게 잘 살펴보아야 합니다. 아이들은 나무 토막을 쌓아 서로 부딪치거나 통에 넣었다 빼기도 하고, 상자 안에서 공이나 매끄러운 천을 꺼내기도 하고 눌러 넣기도 하는 놀이를 질려 하지도 않고 되풀이합니다. 나타났다가 사라지는 인형이나 벗겨지는 상자, 펠트로 만든 귤, 바나나 매직테이프, 똑딱단추 떼는 장난감처럼 교사가 손수 만든 장난감은 침과 손때로 끈적끈적해질 때까지 만지작거리면서 즐거워하며 놉니다.

이 무렵에는 집 안에서도 얌전한 듯하나 장롱이나 서랍장의 서랍을 열고 안에 들어 있는 물건을 만지작거리며 정신 없이 놉니다. 장롱의 둥근 손잡이를 빙글빙글 돌리며 빼는 놀이도 자주 합니다. 이 때는 늘 아기를 주의해서 살펴야 합니다. 아기가 움직이다 멈추면 주의하고 살펴봅시다.

정리

기어다니다 잡고 설 수 있는 시기까지 아기는 새로운 행동을 하는데, 물체를 목표로 삼아 그 물건에 다다르자마자 물건과 사람에게 행동을 하기도 합니다. 교사는 아기가 하는 행동을 잘 살펴보다 손을 내밀고 부르거나, 장난감을 보여 주면서 아기가 이것들을 목표로 삼아 생기 있게 움직일 수 있게 해 줍니다. 이럴 때는 아기가 이불을 넘거나, 미끄럼틀을 거꾸로 올라가거나 하면서 장애를 이기고 목표물에 다가갈 수 있게 하는 것이 좋습니다. 기어다닐 때도 두 손과 두 발을 번갈아 대칭시켜 움직이는지 제대로 살펴봅시다. 잡고 일어서거나 잡고 걸을 때도 마찬가지인데 이것은 걸음을 제대로 걷기 위한 바탕이 되는 것으로, 손과 발로 몸을 떠받치는 힘을 기르기 때문입니다. 이럴 때도 언덕 같은 효과가 나는 장애물에 부딪쳐 보게 하는 것이 좋습니다. 언덕에 맞서서 기어 올라가기 위해서는 두 손과 두 발을 번갈아 내밀어야 하므로 아기는 하고 싶은 마음이 더 일어납니다. 이 시기에 보행기를 쓰는 집도 많다고 생각하는데, 교사는 집에서 안이하게 보행기를 쓰지 않도록 지도합니다.

이 시기부터 뒤로 기다 밀며 기고, 다시 엉금엉금 네 발로 기다 몸을 높이 들고 기는 것으로 발달해 가는데 기어다니는 시기는 사람만이 할 수 있는, 꼿꼿하게 바로 서서 두 발로 걷기 위한 준비기입니다. 마음껏 기어다니고, 등줄기와 허리 그리고 손 벌리는 것을 확실하게 단련해 두지 않으면 꼿꼿하게 바로 서서 두 발로 제대로 걸을 수 있다 하더라도 그 다음 단계에서 곤란한 일이 생깁니다. 걸어도 곧 넘어지고, 넘어져도 손으로 몸을 받치지 않아 얼굴이나 머리를 바닥에 부딪쳐서 잘 다치거나, 제대로 달리지 못합니다. 그래서 우리는 보행기가 필요 없다고까지 생각합니다.

스스로 옮겨 다닐 수 있으면 아기는 방에서 문 밖으로 세계를 넓혀 갑니다. 어린이집 마당에 머무르지 말고 유모차로 공원이나 넓은 들에도 자주 데리고 나갑시다. 울퉁불퉁한 길이나 풀과 흙, 모래밭 길로 바꾸어 다니면서 경험을 풍부하게 하도록 해 줘야 합니다. 좀처럼 적극 나서지 않는 아기에게는 교사도 함께 기거나 노래를 불러 주기도 하면서 조금씩 즐기면서 익숙해질 수 있게 해 줍니다.

붙잡고 일어서고, 잡고 걸으면 _ 12개월 무렵부터

자세와 움직임

이 시기에는 목표를 정해 놓고 몸을 쳐들어 기고, 스스로 자세를 여러 가지로 바꿔 목표물 쪽으로 다가갑니다. 물건에 대한 관심이 많아져서 어디에라도 나가서 목표물을 손으로 잡았다 내팽개치고 또 다음 목표물로 나아갑니다. 먼저 손에 넣은 물건과 금방 손에 넣은 물건을 견주어 다시 들고 맞춰 보기도 하고, 물건 위에 얹기도 하고, 넣었다 빼기도 합니다. 그러다 잘 되지 않으면 던져 버리든지 그 자리에 놓으려고 달그락거리기도 하면서 행동을 활발하게 조정합니다. 또 한 손으로 물건을 잡고 옮겨 다닐 수도 있고 앉을 수도 있으며, 잡고 잘 설 수 있습니다. 아이들에게 흥미를 불러일으키게 하고, 아이가 지닌 힘을 마음껏 발휘해 할 수 있는 놀이를 많이 하도록 해 줍니다.

골판지 상자로 만든 나무 상자 장난감은 밀며 걷거나 기어 올라가기에 좋은 것으로 실내 미끄럼틀이나 손수레와 같이 크고 대담하게 활동할 수 있는 놀이에 쓰면 좋습니다. 얇은 매트, 커튼, 책상, 의자 같은 물건을 이용해서 몸을 쳐들고 기고, 잡고 일어서고, 기어 올라가고, 바닥에서 일어나는 놀이를 집 안에서나 문 밖에서 마음껏 할 수 있게 해 줍시다.

물건과 물건의 관계

손가락을 세밀하게 움직일 수 있어서 엄지손가락과 집게손가락을 마주하고 손가락 끝으로 물건을 집으며, 작은 물건으로 관심을 많이 기울입니다. 콩이나 단추, 납작한 유리 구슬을 그릇 속에 집어 넣기도 하고, 종이를 찢어서 눈처럼 만들기도 하고, 종이를 둥글게 해서 공을 만들기도 하면서 교사와 아이들이 같이 즐기는 놀이를 좋아합니다. 이 때부터는 두 가지 물건을 짝짓는 놀이도 아주 흥미로워합니다. 예를 들면 병과 병뚜껑, 종이와 연필이나 크레파스, 빗과 머리, 나무 토막과 집짓기 들입니다. 이런 장난감도 늘 준비해 둡니다.

역이나 백화점에서 물건을 나를 때 쓰는 손수레 같은 것을 유모차로 곧잘 쓴다.

모양이 바뀌는 소재를 가지고 놀기

기어다닐 때부터 모래나 흙, 물에서 놀아 본 아이들은 이것들을 어려워하지 않고 모래밭 속에 앉아서 손가락 사이로 흐르는 모래를 갖고 질리지도 않고 놉니다. 흙 위에서도 기어다니고, 풀 위에서는 공을 굴려 주면 떼굴떼굴 장난치는 새끼고양이처럼 굴러다니기도 하고 쫓아가기도 합니다. 그러나 이 무렵에 처음으로 모래와 흙에서 노는 아이들은 그것들에 조금씩 익숙해질 수 있도록 교사가 함께 놀아 주어야 합니다. 처음에는 돗자리 위에 앉아서 조금씩 모래와 흙 놀이를 해 나가서 모래가 손발에 묻어도 아무렇지도 않게 받아들일 수 있게 합니다. 이 시기에는 촉감을 즐기며 쥐거나 누르거나 하는 놀이를 할 수 있으면 되기 때문에 무리하지 않도록 마음써 줘야 합니다.

수도꼭지에서 흐르는 물, 샤워기에서 나오는 물, 세면기에 조금 받아 놓은 물을 찰싹찰싹 두들기며 즐기고 나면 네 발로 물이 조금 있는 수영장에 들어갑니다. 샤워기에서 나오는 물이 튀어도 까악하고 즐거워하며 소리 지릅니다. 물 속에서도 자세를 바꾸어 가며 앉기도 하고, 붙잡고 서 있기도 합니다. 교사도 물 속에 들어가 위험하지 않은지 잘 살피면서 같이 즐기는 게 좋습니다. 그러나 물 속에서는 좀처럼 눈길이 닿지 않기 때문에 조금씩 번갈아 가며 들어가게 해야 합니다. 모래나 흙처럼 물 속에서도 처음 노는 아이들에게는 천천히 익숙해지도록 해 줍니다.

또, 밀가루 점토도 재미있는 재료입니다. 그릇에 부은 물에 밀가루를 넣고 섞을 때부터 아이들에게 보여 줘 관심을 불러일으킵니다. 가루에도 물에도 손을 내미는 아이들에게 만지게 하면서 점토가 어떻게 만들어지는지 궁금하게 만듭니다. 큰 덩어리째 모두가 철썩철썩 두들기기도 하고, "이것 보아라, 이렇게 무거운 데 들 수 있어?" 하고 큰 덩어리째 한 사람 한 사람씩 들어 보게 한 뒤에 조금씩 나누어 줍니다. 아이들은 자기 것을 들고 철썩철썩 두들기기도 하고, 들어 보기도 하고, 바로 입에 넣어서 맛을 보기도 합니다. 주의를 주면서 밀가루의 감촉을 즐길 수 있게 꾹꾹 누르거나 손가락으로 찔러 보게 합니다.

손가락으로 가리키며 말하기

아이들은 말을 이해하면 집단 행동을 잘 할 수 있습니다.

손놀이를 하고, 간단한 줄거리가 있는 그림책과 그림 연극, 인형극 같은 것을 볼 때도 한동안 집중해 손가락으로 가리키고 말로 공감하면서 흥미를 나타냅니다. 교사가 손가락 인형을 준비해 노래를 부르면 '뭘까?' 하는 얼굴로 둘레에 모여듭니다. 아이들 반응을 보면서 반응에 맞장구치기도 하고, 칭찬해 주기도 하면서 놀이가 이어지도록 마음써야겠습니다. 아이도 그림책을 손에 들고 그림책 속에서 자기가 알고 있는 동물을 찾으면 교사를 쳐다보며 동의를 구하는 것처럼 손가락으로 가리킵니다. "강아지가 있네. ○○가 아주 좋아하는 강아지네." 하고 맞장구쳐 주면 안심한 것처럼 또 다음 놀이를 합니다.

이 시기에는 문 밖으로 나가는 것을 아주 좋아합니다. "밖에 나가자, 나들이 간다." 하고 말만 해도 벌써 문 쪽으로 달려갑니다. 신발장 앞에서 쪼그리고 앉아 기다리거나, 신발을 들고 자기 발에 대고 있거나, 재빨리 신을 신고 밖으로 나가거나 합니다. 날마다 나들이 해 온 경험으로 다음 상황을 생각하고, 스스로 적극 참여합니다. 나들이 가는 시기가 되면 교사는 미리 아이들이 갈아입을 속옷, 휴지, 수건, 물수건 같은 물건을 나들이 가방에 넣어서 준비해 두면 좋습니다. 교사도 운동화를 신어야 합니다. 아이들을 나들이 수레에 태우고 떠납니다. 첫돌이 아직 지나지 않은 아이들은 걸을 수 있어도 목적지까지 나들이 수레에 태우고 가는 것이 좋습니다. 도시에서는 교통량이 많고, 아장거리며 걷기에도 위험하고, 길에서 시간을 낭비하므로 목적지에서 모두 같이 노는 시간이 줄어듭니다. 물론, 나들이하는 목적도 여러 가지가 있습니다. 목적지에서 노는 것뿐 아니라 교통량이 적은 주택가와 학교에 있는 동물원에 가 보기도 하고, 자연과 작은 동물을 만나 보게 하기 위해서도 나들이를 합니다. 아이들은 걷다가 그림책 속에서 본 동물을 발견하면 아주 기쁜 듯이 교사를 먼저 쳐다봅니다. 이 때 "강아지가 있네." 하고 말해 주면 아이들은 손가락으로 가리키며 "멍멍." 하고 확인합니다. 동물원에는 닭, 토끼 같은 동물도 있어서 때로는 만지기도 하고, 먹이를 주기도 하면서 작은 동물과 스스럼없이 친해집니다. 철망에 손가락을 집어 넣거나, 돌멩이를 넣지 않도록 잘 살펴보아야 합니다.

정리

아이들은 이 시기에 여러 가지 것들에 관심이 많아지기 때문에 스스로 하고 싶어하고, 가고 싶어하는 마음을 만족시켜 줄 수 있도록 계획을 세워야 합니다. 그러나 아직 어린이들은 위험한 것을 모르고, 또 앞을 내다보고 행동하지 못하므로 생각지 못한 곳에서 사고가 날 수 있습니다. 교사는 세심하게 주의를 기울이고, 사고가 나지 않도록 조심하며, 갑자기 일어나는 일에도 곧바로 대처할 수 있게 준비를 해 둬야 합니다.

4

어린이집 교사와 부모가 할 일

바람직한 교사의 모습
어린이집과 집에서 할 일
실천 기록

바람직한 교사의 모습

아기와 즐겁게 만나는 교사

한 살 어린이는 처음으로 엄마 몸에서 떨어져 살아가야 하므로 둘레 사람들이 도와 주어야 살아갈 수 있습니다. 교사는 부모와 손잡고 한 사람을 처음부터 키우며 그 역사를 함께 만들어 가는 아주 중요하고 보람찬 일을 합니다. 한 살 어린이를 보육하는 것은 눈부시고 멋진 일입니다. 어머니의 출산 휴가가 끝나자마자 어린이집으로 들어오는 아기는 잠만 자는 것처럼 보이지만 얼러 주면 손발을 움직이기도 하고, 웃기도 합니다. 이 시기에 교사가 맡은 몫은 아주 큽니다. 교사는 아기가 살아가는 힘을 받아들이고 그 힘을 키워 주기 위하여 아기와 즐겁게 관계를 맺고, 인생에서 가장 빠르게 발달하는 이 시기에 아이의 활동과 생활을 풍성하게 만들어 주는 일을 맡은 것입니다.

가볍고 조용하게 움직인다

보육 경력이 십 년 되는 교사한테서 이런 이야기를 들었습니다. "취직한 그 날, 한 살 어린이 담당이라는 말을 듣고 긴장하며 방에 들어갔는

데, 그 때 받은 첫인상은 '와! 아기 선생님은 침착해야 하는구나.' 하는 것이었습니다." '조금도 허둥대지 않아야 하는구나.' 그렇습니다. 잠만 자고 있는 것처럼 보여도 아기는 온몸을 열고 둘레 상황을 느끼고, 새기면서 자랍니다. 교사는 먼저 당황하지 않고 침착해야 합니다. 그렇다고 해서 털썩 주저앉아서 아이가 깨어 있는데 알아차리지 못하거나, 열을 내며 거칠게 숨쉬고 있는데 지나쳐 버리면 안 됩니다. 아기가 자라려고 온몸으로 발걸음을 내딛는 모습을 교사도 온몸으로 느껴야 합니다. 마음은 차분하게 가라앉히고, 몸은 누구보다도 날렵하게 움직여 아이가 바라는 것을 알아차려야 합니다.

아이들이 자라는 모습을 느끼고 받아들인다

먼저 교사는 아이들이 스스럼없이 다가올 수 있을 만큼 따스한 사람이어야 합니다. 아기가 눈으로 웃으면 반드시 웃어 주고, 영차하고 힘써서 일어서면 손뼉 치며 칭찬하고, 음식을 먹고 난 뒤에는 아이들에게 "맛있었지?" 하고 기쁨을 알려 줄 수 있는 교사, 아이들이 자라는 모습을 일상 생활 속에서 느끼고 받아들일 수 있는 교사라면 더할 것이 없습니다. 마음 한 구석에서 한 살 어린이 집단은 무리가 아닐까 하고 생각하거나, 부모가 잘 살면서 어린 아기를 아침 일찍부터 저녁 늦게까지 어린이집에 맡긴다고 생각한다면 말로 하지 않아도 아이들은 민감하게 그것을 느낍니다. 어린이집은 일하는 어머니들이 계속 일해야 하기 때문에 존재합니다. 교사가 이 뜻을 마음 속에 단단히 받아들이지 않으면 아이들을 안정시키지 못하고, 보육 활동도 뒤로 미루기 쉽습니다. 그래서 아이들과 마음을 나누기는커녕 아이들은 울어 대고 교사는 화만 자꾸 내어 아이가 다가오지 않습니다. 한 살 어린이를 키우는 곳에서 교사가 갑자기 크게 소리 내어 웃거나, 자고 있는 아이 머리맡에서 떠들면 좋지 않습니다. 나이 어린 아이를 돌볼 때는 아무래도 여럿이서 함께 합니다.

그러므로 맡은 일을 확실하게 나누어서 아이들을 만날 때도 담임은 담임 몫을, 보조 교사는 보조 교사 몫을 해야 합니다. 그렇게 해야 아이들도 평소에 바람직하게 생활할 수 있습니다. 더구나 한 살 어린이를 키울 때는 시간을 나눠서 할 수도 없고, 또 그렇게 해서도 안 되므로 교사는 저마다 맡은 일을 확실하게 해서 구석구석까지 마음쓸 수 있도록 서로 마음을 모아야 합니다.

초임 교사는 자격증이 있다 하더라도 아기한테 무엇을 해야 좋을지 거의 알 수 없습니다. 선배 교사는 이들을 잘 보살피고 가르쳐 절차와 방법에서 초점을 빨리 이해하도록 도와야 합니다. 선배 교사는 후배 교사들이 배우면서 보육에 대한 의문을 풀고, 보육을 점점 깊이 이해하면서 성장해 가는 시간을 기다릴 수 있어야 합니다.

아이와 마음을 나눈다

한 살 아기와 생활할 때는 그때 그때 상황을 아기에게 말로 해 주어야 아기는 사람답게 자랄 수 있습니다. 변기에다 오줌을 눌 수 있어서 기분 좋아할 때는 같이 기뻐하고, 아무것도 아닌데 동무를 때릴 때는 화를 내면서 언제나 풍부한 표정으로 아이와 생생하게 서로 마음을 나누어야 합니다.

경험 많은 어느 교사는 "아이들 욕구는 부글부글 끓어 넘치는데 교사와 부모는 이것을 받아 주지 못하고 있습니다. 마음을 주고받지 못하는 것 같습니다." 하고 문제를 제기했습니다. 아기가 추위에 손이 얼어서 새파래지면 그 두 손을 교사가 감싸고 문질러 주면서 "힘내자." 같은 말을 해 줘야 합니다. 칭얼거리고 있을 때는 안아 주기도 하면서 몸으로 한 번 받아들여 마음을 가라앉혀 주고 나서 다음으로 넘어가야 합니다.

모두 똑같이 가르치지 않는다

아기가 책상 위에 올라가거나, 아무렇지도 않게 자고 있는 다른 아기 위로 넘어가려고 하면 크게 소리 내어 못 하게 합니다. 나이 어린 아기는 크게 소리 질러도 놀라서 움직이다 멈출 것입니다. 어리니까, 한 살이니까 아직 아무것도 모를 것이라고 생각해서 옳지 못한 행동을 할 때 내버려 두면 자기 행동을 조절하고 판단하는 힘을 기를 수 없습니다. 이 능력들은 젖먹이 시기에 마음써서 길러 줘야 하는 것입니다.

사람으로 치면 어른은 아기에게 대선배가 되므로 처음부터 끝까지 한결같이 지도해야 합니다. '그렇게 하면 왜 안 되는가.' 하는 사고 방식과, '이렇게 하면 된다.'고 하는 살아가는 법을 가르쳐야 합니다. 그러나 지도하는 것을 너무 중요하게 생각한 나머지 아이의 개인차와 집안, 부모의 직장 상황을 생각하지 않고 똑같이 밀어붙이면 오히려 아이가 자라는 것을 방해할 수 있습니다.

아기가 일찍 자고 일찍 일어나는 것은 당연한 일입니다. 그러나 어느 교사가 저녁 8시에 아기를 재우려면 저녁을 꼭 7시에 먹여야 한다고 교육 받고는 부모에게 이것을 강요했습니다. 부모는 저녁 6시에 직장 근무가 끝나면 뛰고 또 뛰어 어린이집에서 아이를 데려와 전날부터 냉동해 둔 음식을 꺼내 아이에게 먹였습니다. 이 부모는 이렇게 며칠 동안 하다 보니 아이가 밥을 조금도 즐겁게 먹지 않고, 밥맛도 줄어들어 곧 그만둬 버렸다고 했습니다. 어머니는 아기에게 "오늘은 추우니까 국물 음식을 만들자." 한다든지, "피곤하니까 신 것을 먹고 싶구나, 빨리 오이를 사오자." 하면서 아이와 함께 물건을 사고 씩씩하게 살아가는 모습을 보여 줘야 합니다. 어머니가 일하면서도 아이를 키운다는 것을 어릴 때부터 알게 해서 저녁이 조금 늦어도 즐겁게 먹을 수 있는 모습을 보여 주는 것이 더 중요합니다. 기본에 대해서 왜 그렇게 하는지 지도하는 것과, 지도만 하고 마는 것은 구분해서 생각하고 이해할 수 있어야 합니다.

아이가 자라는 모습을 잘 아는 교사

한 살 어린이는 시간마다 큰다고 해도 지나치지 않습니다. 부모와 함께 아이가 잘 자랄 수 있도록 지도해 가기 위해서는 아이의 발달 상황은 말할 것도 없고, 몸과 병에 대해서도 잘 알고 곧바로 대처할 수 있어야 합니다. 교사가 맨 처음 해야 할 일은 아이가 움직이는 것과 얼굴 표정만 보고도 아이의 기분을 알아차리는 것입니다. "왜 그러니?" 하며 상냥하게 들여다보지 않고, "또 울고 있니, 정말!" 하고 반응한다면 아이가 무엇을 바라는지 제대로 판단해서 대응하지 못합니다.

"왠지 기운이 없네, 보통 때보다 심하게 우네, 몸이 굳어 있고 기대지를 않네." 하는 것부터 시작해서 체온은 몇 도나 되며, 그 아이가 건강할 때 체온은 평균 몇 도쯤인지 조사해 두기도 하고, 아기 똥을 모양과 색뿐만 아니라 냄새까지 맡아 가면서 건강 상태를 판단할 수 있는 힘을 기르고, 늘 왜 어째서 하고 물으며 책을 찾아보기도 하면서 열심히 탐구해야 합니다.

아이가 존재하는 한 아이는 어떻게 키워야 하는가, 하는 질문은 끝없이 이어질 것입니다. 한결같이 겸손하게 배워야 합니다. 배우는 것은 자신에게 도움이 될 뿐 아니라 아이와 부모, 동료에게도 도움이 됩니다. 교사 한 사람 한 사람이 열심히 일하고, 무엇보다도 사람이 사람답게 클 수 있도록 과학 이론에 바탕을 두고 어린이를 보는 눈을 기르도록 해야 합니다.

혼자서 공부하는 것은 쉽지 않습니다. 한 달에 한 번 교직원 회의를 열기 전에 짧게라도 공부 모임을 하면서 연구해 나갑시다. 함께 책을 읽고, 그 책에서 이야기하는 발달 절차에 들어맞는 사례는 무엇일까 하고 모두 같이 생각해 가면 제멋대로 내용을 해석하지 않고 서로 배울 수 있습니다. 또 다른 점을 깨닫고 토론도 할 수 있어 점점 생각이 같아집니다. 읽고, 이야기 나누면서 실제 아이들의 모습을 바탕으로 하여 토론해 가면 언뜻 보기에 어려운 책이라도 이해하기 쉬워집니다. 다른 사람이 말하는 것에도 귀를 기울이고, 자기도 아는 것만큼 말할 수 있도록 밝고 열린 마음으로 공부합시다.

아이를 보는 눈이 풍부하고 정확한 교사

관찰력이 섬세하고 뛰어나야

아침 간식을 먹고 나서 신생아 배와 등에서 좁쌀처럼 작은 것이 빨갛게 볼록볼록 솟아오르는 것을 보고 교사는 수두가 아닌가 하고 주임 선생님에게 상담합니다. 주임은 "머리털이 난 이마 언저리는 어때요?" 하고 물었습니다. 교사가 거기는 괜찮다고 하자 주임은 좀 더 지켜보자고 하고, 아이 어머니에게는 걱정된다는 전화를 했습니다. 점심 시간 뒤에 보니 이마 언저리에도 빨간 것이 볼록하게 솟아 있었습니다. 저녁 무렵 의사는 수두라고 진단했습니다.

어린이를 돌보는 교사는 관찰력이 섬세하고, 뛰어나야 합니다. 공부해서 판단력을 기르고, 교직원 집단에서 토의한 뒤에 결단을 내려야 합니다. 짧은 시간에 생명과 관계되는 병을 빨리 발견하고, 제대로 발달하지 못하거나 늦어지는 것도 예리하게 알아볼 수 있으려면 열심히 공부해야 합니다. 자기 반 아이들만 본다면 아이들 보는 눈이 빈약해질 수 있습니다. 어린이집 바깥 행사에는 되도록 참가하여 아이의 성장을 미리 내다볼 수 있게 연구합시다. 근무 시간을 조정하여 젖먹이 반 담당 교사가 참가하는 것이 좋습니다. 네 살 어린이 반에 다니는 장애 어린이가 4월 무렵에는 복도를 가로지르며 기어다니고 있었는데, 여섯 달이 지나자 똑바로 서서 걷고 있는 것을 보면서 이 과정이 자기가 맡은 젖먹이 반의 발달 과정과 같다는 것을 아는 것도 중요합니다.

아기가 자라는 것을 내다보며

젖먹이 시기 아기를 돌볼 때는 아무래도 기저귀를 갈아 주고, 이유식을 먹이는 생활을 하다 보니 일에 쫓기기 쉽고, 눈 앞에서 일어나는 일에 사로잡혀 앞을 내다보며 일하기 어려울 수 있습니다.

우리 어린이집에서는 한 살 어린이 반을 모두 자기 아이가 있는 사람들이 담당한 때가 있었습니다. 이 해는 다른 해와 달리 한 살 어린이 반에는 새로 들어온 아이들뿐이었는데, 들어온 지 이 주일쯤 되자 완전히 분위기가 차분해졌습니다. 이 반을 맡은 교사들은 자기 아이를 기르면서 아기들이 처음에는 당연히 울지만 한 달 두 달 이어서 울지 않고, 열흘쯤 지나면 어린이집에 익숙해질 것이라고 알고 있었습니다. 그래서 정확하게 아이들 생리 현상을 파악하고 생활 리듬을 잡는 데 성공한 것입니다.

그러나 젖먹이 아기들한테 나타나는 복잡한 발달 특성 때문에 좀처럼 제대로 되지 않을 수도 있습니다. 아기가 목을 가누면 이런 저런 것들을 할 수 있습니다. 그러나 목을 가누는 것이 어떤 것인지, 어느 정도로 목을 가누는지, 만약 그 시기가 어긋나면 어떻게 되는지, 어긋나지 않게 하는 방법은 없는지, 혼자서 잘 떠들지만 그냥 내버려 둬도 좋은지, 너무 귀여워서 안아 주고 싶지만 모처럼 혼자서 놀고 있으니까 내버려 둬야 하는지, 몸을 뒤집어 장난감을 잡을 수 있을 때 손으로 장난감을 만들어 주면 좋은지, 하는 생각들을 하면서 제자리걸음을 하지 않아야 아기의 성장을 뒤좇아가지 않고 앞서서 도움을 줄 수 있습니다.

열린 교직원 집단

서로 의지하는 즐거운 직장

사람에게는 잘 할 수 있는 것과 잘 할 수 없는 것이 있지만, 그다지 좋아하지 않는 것도 이겨 내야 합니다. 좋아하지 않고 잘 못 하는 일을 이겨 내야 앞을 내다볼 수 있고, 즐겁게 어린이를 돌볼 수 있습니다. 어린이집 안에서 저마다 맡은 일을 나누고, 서로 도와 잘 해내야 합니다. 교사 집단의 지위를 끌어올려야 아이 집단을 튼튼하게 하고, 부모도 잘 설득할 수 있습니다. 행사할 때마다 저마다 맡은 일을 나누고, 서로 돌려서 해 보면 좋습니다. 사회, 진행, 반주, 출연, 행사장 설치 같은 일을 돌아가며 해 보면 점점 자신감이 생깁니다.

가르치고 배우는 열린 관계

교직원 회의는 보육 기관의 최고 의결 기구이므로 행사 일정뿐 아니라 반 담임부터 반 편성까지 결정하는 것이 바람직합니다. 또 교직원 한 사람 한 사람이 자기 생각을 마음껏, 책임지고 이야기할 수 있어야 합니다. 익숙하지 않을 때는 말하기도 어렵고, 또 말하고 나서 어색해지는 경우도 있겠지만, 전체 속에서 의견을 말하고 모두 같이 확인해 가야 언젠가 서로 이해할 수 있습니다. 그 때문에 늘 교사마다 과제를 확실히 갖고 서로 부딪치면 부딪칠수록 보육 방법과 사고 방식을 예측할 수 있습니다. 쓸모 없는 교직원 집단에서나 사양하고 겁내고 부끄러워 합니다.

교직원 회의는 서로가 멋지게 실천한 것을 확인하는 곳이기도 합니다. "저렇게 혼내야 하는 건가?" "두 살 무렵 아이들이 뜨거운 물이 든 주전자를 만지지 않는데 어떻게 가르친 거야?" "응, 한 살부터 더운 김이 나오면 뜨겁다는 것을 말해서 확실하게 알게 했기 때문이야." 같은 이야기들을 주고받으며 서로 확인할 수 있습니다. 좋은 일과 주의해야 할 일에 대해서 저마다 실제에 꼭 맞게 의견을 내놓아야 공부가 됩니다. 생각을 모두 함께 주고받으면 교사는 의욕이 살아납니다. 교직원 회의가 대충 운영되지 않도록 노력해야 합니다.

아이 키우는 기쁨 나누기

교직원 회의에서 자주 크게 웃는 소리가 들립니다. 아이가 자라는 모습을 이야기하는 것은 정말로 즐겁습니다. 담임이 반 아이의 몸짓과 말하는 모습, 활동 내용을 모두에게 알리고 싶어서 안건에서 벗어나 이야기하는 일이 자주 있겠지요. 교사가 아이들을 사랑하고, 성장에 자부심을 갖고 끊임없이 격려하면 얼굴이 밝고 열려 있습니다. 바쁜 일이 잔뜩 널려 있는 것이 아이를 키우는 일이지만, 아이들과 같이 살아가는 일이 즐겁기 때문에 어린이는 돌보면 돌볼수록 더욱 돌보고 싶어집니다.

정리

한 살 어린이를 담당하는 교사일수록 절차와 방법이 뛰어나서 아이의 발달 내용을 잘 파악하여 생활 리듬을 만들고, 부모에게 전달하고 지도해야 합니다. 아이에게 미치는 영향과 아이들의 앞날을 생각하면서 모든 곳에서 풍부해져야 합니다. 그러나 이것은 이론일 뿐입니다.

사람이 성장해 온 긴 역사를 보면 한 살 어린이는 그렇게 어렵게 자라지 않았습니다. 부모와 함께 아이를 키우는 교사는 무엇보다도 건강하고 명랑해야 합니다. 그리고 아이들을 잘 보고 지극히 자연스럽게 대하며 따뜻하게 일상 생활을 하는 것이 가장 좋습니다. 그 바탕 위에서 언제 어디에서나 연구하고, 일하는 부모와 아이가 성장하는 모습을 보고 살아가는 법을 배우며 부드럽고 여유 있게 생활해야 합니다.

어린이집과 집에서 할 일

어린이집에서 할 일, 집에서 할 일

십여 년 전에 들은 이야기입니다. 어느 아이의 아버지가 큰딸을 낳아 병원에서 퇴원한 지 얼마 안 되어 어린이집에 맡길 때 세 번쯤 그 어린이집 둘레를 맴돌며 살펴보았다고 했습니다. 왜 그랬냐고 묻자 "선생님, 소중한 아이를 맡기는데 어떤 곳에서 어떤 선생님이 어떻게 아이를 보살피는지 불안했습니다. 그런데 이제는 셋째도 부탁드립니다." 하는 것입니다. 그러나 이 아버지는 아이를 어린이집에 맡겨 두지만 않았습니다. 늘 학부모 모임에서 앞장서서 일하고, 보육 환경을 개선하고, 교사를 늘릴 것을 요구하고, 보육료 부담을 줄이기 위해 정부나 지방 자치 단체에 지원을 요구하는 운동을 할 때도 보육 기관과 함께 일했습니다. 아이를 위해서 어른이 무엇을 해야 하는지 알고 있었던 것입니다. 보육 기관, 부모, 집에서는 아이를 중심에 두고 아이가 잘 자라도록 저마다 맡은 몫을 다해야 합니다.

그 가운데서도 한 살 어린이는 어떻게 키우느냐에 따라 자라는 모습도 달라지는 만큼 둘레에서 쉽게 영향을 받으므로 어린이집과 부모가 같은 생각으로 아이를 키워야 합니다. 그러나 생각은 같아도 방법은 다를 수 있습니다. 어린이집에서는 동무를 사귀는 것처럼 집단 속에서 생활하는 것을 가르치며, 집에서는 부모와 자식 관계 속에서 생활 습관과 예절을 가르칩니다. 어린이를 보는 눈이나 발달에 대한 생각이 같아도 보육 내용과 방법은 다릅니다. 따라서 어린이집은 결코 집에서 해야 할 일을 대신 해 주는 곳이 아닙니다. 어디까지나 두 곳이 서로 도와야 저마다 맡은 일을 다 할 수 있습니다.

어느 교사는 자기 아이도 다른 어린이집에 맡기는데, 그 곳에서는 행사가 끝나거나 하면 늘 "도와 주셔서 고맙습니다." 하고 인사한다고 합니다. 그런데 그 말을 들으면 아이는 어린이집에서 키울 테니까 부모님은 먹이고 재우는 것만 잘 해 달라고 하는 것 같다고 합니다. 그래서 "나는 엄마입니다. 이 아이에 대한 모든 책임을 지고 있습니다."고 말하고 싶어진다고 했습니다. 인사하는 방법에 따라서 생각이 다른 것이 뚜렷하게 나타나는 것 같습니다.

부모 가운데도 이렇게 생각하는 사람이 있습니다. "그런 짓하면 선생님에게 혼나요." 하고 책임을 미루는 태도입니다. 이 말을 들으면 교사는 화가 나지만 '좋은 아이로 자랐으면.' 하고 부모가 바라는 것이라 생각하고 주의하며 가르칩니다. 어머니는 자기가 진 책임을 포기하지 말고 아이에게 해서는 안 될 일은 못 하게 야단치고, 이렇게 하는 것이다 하고 가르쳐 주어야 합니다. 밥을 먹다가 그릇으로 밥상을 탕탕 두들기거나, 먹고 싶지 않다고 숟가락 같은 것을 던질 때는 어린이집에서도 집에서도 해서는 안 되는 일이라고 확실하게 가르쳐 주어야 합니다. "엄마에게 말할 거야", "선생님에게 혼나." 하고 말하면 어린이집 교사나 부모 둘 다 맡은 일을 포기하는 것입니다.

어린이를 보는 눈을 하나로

어린이집 교사와 부모가 어린이를 보는 눈을 하나로 모으고 발달에 대한 생각을 같이하기는 쉽지 않습니다.

어린이집에 아이를 보내기 전에 넘어서야 할 일

어린이집에 아이를 보내려고 부모가 어린이집을 찾아가면 입학 전에 맨 처음으로 설명회와 간담회를 합니다. 그 자리에서 교사는 오전 9시까지 아이가 어린이집에 와야 한다고 이야기합니다. 시간을 지키는 것은 한 사람 한 사람이 정해진 책임을 다 하는 것으로, 그렇게 해야 함께 생활할 수 있으며, 아이가 생활 리듬이 자리잡혀야 잘 클 수 있다고 이야기합니다. 또한 오전 9시까지 어린이집에 오려면 아침에 일찍 일어나야 하고, 그렇게 하면 제때 밥을 먹고 똥오줌을 눌 수 있으며 생리 리듬도 안정된다고 자세하게 설명해 주는 것이 좋습니다. 자료를 만들어 주면 더 좋겠지요. 그렇게 해도 반드시 부모들은 일이 힘들다는 핑계를 들면서 어렵다고 합니다. 이럴 때는 날마다 아이를 키우면서 아이의 상태를 서로 제대로 전해 주고, 서로 실천하고 부딪치면서 아이 키우는 방법과 생각을 서로 비슷하게 만들어 가야 합니다. 교사는 집단 속에서 아이를 있는 그대로 볼 수 있으므로 부모를 두려워하지 않고 짚고 넘어가야 할 것은 반드시 짚고 넘어가야 합니다. 아이의 앞날을 생각하면, 적어도 한 살에서 네 살까지는 부모가 힘껏 노력해야 나중에 후회하지 않습니다.

함께 배우는 기회를

우리는 발달 시기마다 중요한 고비를 잘 넘겨야 한다고 주장합니다. 목을 가누는 것부터 낯을 가리고, 엄마라고 말하고, 몸을 뒤집고, 기어 다니고, 서고, 걷는 발달의 중요한 고비를 확실하게 알기 위해서는 어린이집에서 여는 강좌나 학부모 모임에서 주최하는 공부 모임에 참여해서로 함께 배우는 기회를 많이 갖고, 여러 모임에 많이 참석해야 합니다. 보통 몇몇 부모들만 열심히 참여해서 잘 이해하고 있으며, 대부분은 대강 알고, 몇몇은 참가도 하지 않고 이해하지도 못하고 있습니다. 이 부모들과 빨리 마주 대할 수 있게 한 사람씩 만나 이야기를 나누는 게 좋습니다. 한 사람씩 만날 때는 부모가 바라는 날에 맞춰 교사의 근무 시간을 조정합니다. 전체가 참석하는 반 모임과는 달리 집으로 찾아가지 않고도 아이가 집에서 자라는 모습과 식구 관계를 알 수 있고, 무엇보다도 모임을 하고 나면 부모가 한걸음 나아가기 때문에 아이도 바뀌는 게 보입니다. 부모를 만날 때는 아이가 한 살이라도 아기와 함께 만납니다. 부모와 교사의 진지한 표정과 분위기에 자극받아 깜짝 놀랄 만큼 아이가 바뀌는 경우가 많습니다.

오늘날 부모의 모습

3월부터 히나 인형 단(히나마쓰리 : 일본에서 해마다 3월 3일에 여자 아이를 위해 작은 인형들에게 일본 옷을 입혀 제단에 진열하는 행사)을 장식하는 어린이집도 있습니다. 아이들은 나이에 따라 여러 가지 반응을 합니다. 우리 어린이집에서는 네 살 어린이 반에 다니는 여자 아이가 "우리 집에는 히나 인형이 없어. 그래서 엄마가 색종이로 만들어 줬어. 나도 같이 접어 붙였어." 하며 자랑스러운 듯 교사에게 말해 주었습니다. 교사가 "멋진 엄마구나." 하고 말하자 고개를 끄덕거리며 뛰어갔습니다. 이처럼 높이 모셔 두는 비싼 히나 인형은 없어도 됩니다. 아이와 함께 인형을 만들어 갈 수 있는 부모와 그것을 받아들일 수 있는 교직원이 있으면 됩니다. 사는 모습을 보고 자라는 것은 이런 것입니다.

교사와 부모가 서로 돕기

처음에 확실하게

교사가 부모한테 아이가 밤에 자기 전에 한 권이라도 책을 읽어 주면 좋다고 이야기하면 "선생님, 기계 소리는 들려주지 않는 게 좋다고 하지만 제 목소리를 녹음한 카세트테이프는 어떨까요? 우리 집에서는 아이를 이층에서 혼자 자게 하는데요." 하고 묻는 부모가 있습니다. 부모에게 책을 읽어 주라고 이야기할 때는 "부모가 아이 옆에 붙어서 한 권이라도 좋으니까 소리 내서 읽어 줍시다." 하고 제대로 뜻을 전달해야 합니다. 또 이유식을 생각대로 잘 안 먹고, 자세도 흐트러진 아이 부모에게 "어머니, 밥 먹을 때 텔레비전은 안 보시지요?" 하고 확인하면 "네, 텔레비전은 아이 등 뒤에 있어서 저만 텔레비전을 보면서 밥을 주고, 아이는 보지 않아요." 하는 어머니가 있습니다. 이럴 때는 "전원을 끄고 먹이십시오." 하고 확실하게 다짐해야 합니다. 어린이집과 집이 서로 도와 저마다 맡은 일을 다 하기 위해서는 '왜 안 되는지, 왜 그렇게 하는지'를 서로 이해하고 실천에 옮겨야 합니다.

단련으로 이겨 내고

몸을 단련시키려고 옷을 얇게 입힐 때도 마찬가지입니다. 십 년 전에 우리 어린이집에서 아이들 몸을 단련시켜야겠다고 생각하고 겨울에 옷을 얇게 입히려고 했지만 부모들이 심하게 저항했습니다. "양말을 신지 않고 맨발을 하는 것은 볼썽 사납다." 하는 말부터 "겨울에 반바지 차림은 보고 있을 수 없다." 하는 이야기까지 들었습니다. 그래서 어린이집에서는 의사가 "기분이 좋으면 단련이 되지 않는다."고 말한 것을 들려주기도 하고, 신문에 발에 대한 기사가 나온 것을 복사해 나눠 주기도 했습니다. 또 부모 모임을 열어 경험이 많은 부모가 "집에서도 난방은 하지 않습니다. 맨발로 어릴 때부터 지내게 하기 때문에 감기도 걸리지 않고 열이 나도 빨리 낫습니다. 그보다 제대로 먹게 하면 추위도 안 타고, 몸을 잘 움직이고 노니까 오히려 따뜻해집니다. 양말을 신고 가만히 서 있기만 하면 당연히 춥습니다." 하고 자세하게 이야기하자 겨우 받아들였습니다.

다만 아직 조금 움직이는 아이는 겨울 실내 온도를 잘 살피면서 옷을 얇게 입혀 활발하게 기어다니고, 잡고 걸을 수 있게 해 줍니다. 아기는 보통 조금도 가만히 있지 않으므로 움직이며 돌아다닐 곳이 있어야 합니다. 그러나 일본의 빈약한 주택 사정 속에서 새로운 생활을 시작한 젊은 부부가 어린이집에 와서 결코 넓지 않은 젖먹이 아기 방에 아기를 내려놓으며 "자, 가 봐. 넓으니까 기어다닐 수 있어." 하고 말하던 것을 잊을 수 없습니다. 집 안에서는 아이가 성장, 발달하는 데 중요한 마디가 되는 기어다니기 활동을 잘 하게 할 수 없습니다. 그러므로 어린이집에서는 아기가 확실하게 기어다닐 수 있게 하고, 부모는 집에서 아이 양말을 벗기고 발가락 활동을 할 수 있게 하면서 서로 도와야겠습니다.

끈기 있게 한 걸음씩

교사는 앞날을 내다보고 지금 여기에서 옷을 얇게 입히고 움직이기 쉽게 해야 아이에게 좋다고 판단합니다. 그러나 부모는 지금 당장 아이를 따뜻하게 해야 하고, 그렇게 하지 않으면 아이가 아파서 직장에 못 나갈 수도 있다고 생각하기 때문에 앞날을 내다보기 어렵습니다. 그래서 교사 쪽에서 부모에게 끈기 있게 왜 그렇게 해야 하는지 알려 주어야 합니다. 요즈음에는 어린이집에서 어린이의 몸을 단련시키려고 실천한 성과가 쌓이고 사회에서도 그런 생각이 쌓여 조금은 쉬워졌지만, 조금만 마음을 놓으면 또 유행하는 긴 양말이 늘어나면서 교사와 부모는 시소놀이를 합니다. 적극 나서서 "단련시켜 주면 좋겠다."고 생각하는 부모는 아직 적은 것 같습니다. 문제를 제기해도 어린이집은 어린이집, 집은 집이라고 생각하거나 '알지만 그건.' 하고 생각하며 실천하지 않는 부모들이 있습니다.

세 살 어린이 반에서 교사가 단추를 끼워 맞추는 장난감을 만들려고 부모에게 부탁하니 "네." 하고 받아 주는 부모와, "선생님, 이런 걸로 도대체 무엇을 하려고 그러세요?" 하고 묻는 부모가 있었습니다. 부모가 "무엇을 할 것인가?" 하고 물으면 반응한 것입니다. 이럴 때는 이것은 아기 손가락을 발달시키기 위한 것이라고 말하며 장난감에 대해 같이 생각해 볼 수 있습니다. 교사는 끈기 있게 부모를 움직여 가야 합니다.

부모의 보육 참가

캠프에 참가한 아버지

부모가 어린이집과 집을 위해 몸으로 보육 활동에 참가할 수 있는 일에는 어린이집을 청소하거나, 물놀이하는 수영장을 조립하거나, 캠프나 등산에 따라가는 일들이 있습니다. 생각지도 못한 부모가 신바람 나서 유리창을 닦고 있을 때 "고맙습니다." 하면 "천만에요, 나는 여러분과 함께 몸을 움직이는 것이 즐겁습니다." 하고 대답하니 더없이 즐거워집니다. 또 캠프에 따라간 아버지들이 "집에서는 응석받이 맏딸로만 생각했는데 집단 안에서는 자기 일은 스스로 해서 깜짝 놀랐습니다. 어린이집에서 세운 보육 방침을 다시 보게 되었습니다." 하거나, "다른 아이들보다 우리 애는 왜 그렇게 뒤떨어지는지 부끄럽게 생각했습니다. 집에서도 열심히 가르치겠습니다." "몸으로 보육 활동에 참가해 집단의 장점과 집단 속에서 우리 아이가 생활하는 모습을 보고, 선생님이 말하는 것을 잘 알았습니다." 하고 반응합니다. 부모가 어린이집에서 여는 행사에 적극 참여할 수 있도록 교사는 열심히 노력해야 합니다.

실행위원회 일꾼

어린이이집에서 행사를 할 때 부모가 참가하는 방법은 여러 가지가 있지만, 실행위원회를 만들어 되도록 부모들이 많이 참여하고, 일을 맡아 행사를 잘 치를 수 있게 의논하는 것이 좋습니다. 실행위원회를 꾸리려고 설문 조사를 했을 때 "실행위원회를 꾸려 행사를 준비하는 것이 참 좋습니다. 다른 부모들이 활동하는 모습을 보고 나도 학부모 모임 회원으로서 책임을 다해야겠다고 생각하고 있습니다. 남편이 어린이집에서 여는 행사에 그다지 참가하지 않기 때문에 열심히 활동하고 있는 아버지들이 부럽습니다." 하고 답한 어머니가 있습니다.

보통 실행위원회 일꾼은 학부모 모임 임원이 아닌 다른 사람을 뽑습니다. 물론 반마다 교사도 실행위원으로 참가합니다. 함께 활동하다 보면 숨은 인재들이 나옵니다. 평소 잘 나서지 않던 아버지가 운동회 때는 사진사가 되어 멋진 사진을 찍기도 하고, 운동회 현수막은 중학교에서 미술을 가르치는 어머니가 그려 주기도 하고, 일러스트 전문가인 아버지가 멋진 일정표를 만들어 주기도 합니다. 이렇게 되면 교사도 힘을 냅니다. 물론 행사 주체가 어린이들이라는 것은 말할 것도 없습니다. 이렇게 해서 아이들은 봄부터 배운 여러 활동들을 발표하고, 모두가 즐기는 충실한 운동회를 열 수 있습니다.

행사 참가

한 살 어린이는 행사에 참가하기 어려우므로 어린이집에서 작은 일까지 마음을 써야 합니다. 어린이집에서 행사를 할 때는 한 살 어린이라도 그 나름대로 참가할 수 있게 저녁 무렵 부모들이 아이를 데리러 올 때를 기다려서 삼십 분쯤 모임을 합니다. 보통 칠월 칠석 때는 대나무 장식에 부모가 소원을 써서 매달고 추억을 떠올리는 노래를 부르고 행사를 마칩니다. 대나무 장식에 소원을 쓸 때는 처음 부모가 된 사람일수록 아이의 앞날을 생각하고 쓰므로 이 내용을 문집으로 만들어도 좋을 것입니다. 달을 구경하기도 하고, 함께 손놀이를 하기도 하고, 종을 울리는 것에만 참가할 수도 있습니다. 한 살과 두 살 어린이 반이 같이 모임을 갖고 부모와 아이들이 인사를 나누면 부모들이 서로 친해져서 다른 행사에 함께 참가하기도 합니다. 우리 어린이집에서는 한 살 어린이도 운동회에 참가하는데, 한 살 어린이에게 운동회가 뭐냐고 하는 부모들이 있습니다. 이럴 때는 운동회의 역사도 알려 주고, 작은 책자를 보여 주며 한 살 어린이들이 운동회에서 무슨 활동을 하는지 알게 하고, 아기들이 졸리지 않게 오전에 일정을 마치도록 계획을 짰다는 것도 이야기합니다. 운동회 때 주의할 점도 이야기하고, 아기 대기실은 먼지를 뒤집어쓰지 않고 우유를 마실 수 있는 방으로 했다는 것들도 이야기하면서 이해를 시킵니다. 이렇게 해서 한 살 어린이 부모들이 운동회에 참가하면 크리스마스 모임 때는 할아버지와 할머니도 모시고 나옵니다.

지역과 관계 넓히기

핵가족이 많아지고, 출생률이 낮아지면서 육아 경험이 전해 내려오지 않고, 집단과 집단은 서로 자극하지 않고 굴러갑니다. 육아 정보는 넘쳐 나는데 집이나 지역에서는 아이를 키우고 가르칠 수 있는 힘이 모자랍니다. 집단으로 아이를 키우는 곳이기도 하고, 보육 전문 교사가 있는 어린이집이 지역에 발을 내딛어 지역과 관계를 맺어 나가면 지역에서 아이를 키우고 가르치는 힘을 높이는 데 어느 정도 몫을 할 것입니다. 어린이집과 부모가 서로 도와 '아기 교실'이나 '육아 상담실'을 열어 지역 어머니를 대상으로 이유식 만드는 법, 아기 체조시키는 법, 몸을 단련하는 방법 들을 강의하고 이야기도 나눠 봅시다. 실제로 눈으로 보고 함께 생각하면서 진행하는 것이 좋습니다. 보건소를 비롯하여 지역의 의료, 교육, 복지 시설과 네트워크를 만들고, 여러 직종에서 일하는 어린이집 부모의 전문 역량을 지역 활동에 결합시키도록 연구하는 것도 중요합니다. 지역은 한 집 한 집이 모여 이루어집니다. 어린이집이 부모와 함께 도와 아이를 키우는 일에 모범을 보인다면 분명히 지역에서 아이를 교육하는 힘도 높아질 것입니다. 한 살부터 어린이집에 다니면서 큰 아이들이 지역 사람들에게 사랑받고 칭찬받으면 사람들은 교사가 부모보다 아이를 더 잘 키웠다고 생각할 것입니다.

실천 기록

기록을 남기는 뜻

아이가 살아가는 모습을 알 수 있다

한 살 어린이를 돌보는 어린이집은 큰 목표를 세웁니다. 먼저, 부모는 물론이고 모든 사람이 아이가 건강하기를 바랍니다. 그리고 생기 있고 명랑하게 자라기를 바랍니다. 집을 대신해 어린이집에서 생활하는 아기에게도 건강한 몸을 만들고 활발하게 생활할 수 있는 리듬을 만들어 주고, 사람답게 자라기 위한 자립 수단과 발달에 알맞은 놀이를 할 수 있게 해 주어야 합니다. 교사는 아기의 건강 상태를 확실하게 살핀 뒤에 그것을 기록해서 알려야 합니다. 이유식은 처음에는 한 숟가락씩 양을 늘려 가므로 날마다, 아기마다 먹는 양이 다릅니다. 또한 이유식을 할 때 감기에 걸려서 설사를 하면 의사에게 지시를 받는다고는 하지만, 그 아이의 현재 상태를 정확하게 기록해 놓지 않으면 다음 날 어떻게 해야 할지 알 수 없습니다. 기록을 하는 가장 큰 뜻은 이런 것입니다.

아이가 바뀌는 모습을 볼 수 있다

한 살 어린이의 상태를 기록할 때는 스물네 시간 단위나, 그보다 폭넓게 기록하는 것이 바람직합니다. 이것은 아기가 병에 걸릴 때를 생각하면 이해하기 쉽습니다. 아기는 어느 날 갑자기 열이 나는 것처럼 보여도 기록을 보면 사실은 이삼일 전부터 잘 먹지 않고, 같이 놀아도 웃지 않거나 교사에게 달라붙어 울었다거나 하는 상태가 나타나 있습니다. 태어난 지 몇 달 안 된 아기는 우는 소리로 바라는 것을 나타낸다고 하지만, 늘 아이가 바뀌어 가는 모습을 내다보면서 기록해 두어야 합니다. 아이 모습이 이상해서 부모에게 진찰을 받아 보라고 했는데 부모는 다음 날이나 가려고 미루는 사이에 아이는 눈에 띄지 않게 폐렴이 되기도 합니다. 어린이를 돌볼 때 스물네 시간을 살펴보는 것은 부모와 어린이집이 서로 돕기 위해서인데, 한 살 어린이는 그뿐 아니라 생활 리듬이나 생활 습관이 건강에 크게 영향을 미치기 때문에 며칠 동안 일어난 변화를 살펴볼 수 있도록 기록을 잘 해야 합니다.

아이의 건강을 살필 수 있다

아이의 건강 상태를 뚜렷하게 알기 위해서도 정확하게 기록해야 합니다. 평균 체온을 한 번 생각해 봅시다. 유아를 돌볼 때는 보통 아이 체온 문제로 부모와 부딪치기도 합니다. 체온이 37도가 넘을 때 아이를 맡아야 하는지, 맡지 않아야 하는지 하는 문제로 그런 일이 일어납니다. 그러나 날마다 같은 시간에 체온을 재어서 기록하고 정리해 두면 아이의 평균 체온을 알 수 있습니다. 그 평균 체온을 기준으로 오늘은 조금 열이 올랐다거나, 오늘은 열이 아주 많이 난다거나 하는 것을 판단할 수 있기 때문에 교사는 아이를 맡아도 좋을지, 의사에게 보여야 할지 이야기할 수 있습니다.

표 11을 보면 37도를 경계로 하기에는 무리라는 것을 알 수 있습니다.

개인차도 꽤 있고, 태어나서 몇 개월 사이에는 체온이 높다가 첫돌 무렵
에는 점점 낮게 안정되고, 여름에는 계절의 영향을 받아 조금 높고 겨울
에는 낮다는 것이 보입니다. 모두 하나같이 이렇다 저렇다 생각하는 것
은 위험하다는 것을 알 수 있습니다.

표 11 **한 살 어린이의 평균 체온 일람표**

	4	5	6	7	8	9	10	11	12	1	2	3	평균
1975년 11월 16일생 ♀ (5개월 어린이)	36.7	36.9	36.9	36.9	36.9	36.7	36.6	36.5	36.5	36.3	36.3	36.2	36.7
1975년 12월 11일생 ♂ (4개월 어린이)	36.7	36.7	36.7	37.0	36.8	36.7	36.5	36.4	36.4	36.2	36.2	36.3	36.6
1975년 12월 15일생 ♂ (4개월 어린이)	37.0	37.0	37.0	37.2	37.3	37.1	37.0	37.0	37.2	37.3	37.1	37.1	37.1
1976년 1월 6일생 ♂ (3개월 어린이)	36.5	36.4	36.8	36.8	36.8	36.6	36.3	36.1	36.4	36.8	36.5	36.7	36.6
1976년 2월 6일생 ♂ (2개월 어린이)	36.5	36.7	36.6	36.8	36.8	36.7	36.6	36.5	36.3	36.4	36.3	36.3	36.6
1976년 2월 23일생 ♀	36.7	36.8	36.7	37.0	37.0	37.0	36.8	36.6	36.7	36.7	36.6	36.6	36.8
1976년 3월 15일생 ♂		37.0	37.0	37.0	37.0	36.7	36.4	36.4	36.5	36.5	36.7	36.4	36.7
1976년 3월 28일생 ♀		36.5	36.4	36.5	36.6	36.6	36.4	36.2	36.0	35.6	35.8	36.3	36.2
1976년 4월 21일생 ♀			36.8	37.1	37.1	37.0	36.9	36.6	36.6	37.0	36.7	36.6	36.8

(1976년, 기타 다나베 어린이집)

새로운 실천으로 이끄는 기록

기록을 보고 새롭게 실천하기

기록을 날마다 해서 어린이가 먹고, 자고, 똥오줌 누는 것과 발달하는
모습을 정리해 두면 어린이를 돌볼 때 새로운 계획을 세울 수 있습니다.
건강하니까 이유식을 늘이고 몸도 단련시키자, 일광욕 시간이 늘어나면

목욕도 시키자, 가끔 기침을 하므로 일광욕은 시키지 말고 실내에서 웃옷을 벗겨 보자, 하는 계획을 세워 실천하고, 다시 그 결과를 기록해서 다음으로 나아갈 수 있습니다. 기록을 바탕으로 교직원 집단에서 토의하고 분석하여 아이에게 지금 무엇을 어떻게 해 주면 좋을지 계획하고 실천할 수 있기 때문에 아이가 성장, 발달하는 데도 도움이 됩니다. 아이가 무엇인가를 바랄 때는 바라는 것을 제대로 채워 줄 수 있어야 정서가 안정되기 때문입니다. 아기가 배가 고파 울며 호소할 때 교사들이 기록을 보고 우유를 세 시간 넘게 먹이지 않았다고 판단하여 따뜻하고 맛있는 우유를 주면, 아기는 바라던 것이 충족되어 울음을 그치고 안정을 찾습니다. 그러나 기록한 내용이 없어서 졸린다고 잘못 판단하여 먹고 싶은 우유는 울어도 울어도 주지 않고 몸을 흔들면서 재우려고만 하면, 아기는 점점 더 화가 나서 울음을 그치지 않을 것입니다. 아기는 우는 것이 당연하다고 생각하겠지만, 불안하지 않으면 계속 울지 않습니다. 잘 관찰해서 기록하고, 교직원 집단이 분석하고 정확하게 판단해서 아이가 안정을 찾을 수 있게 해 주어야 아이는 살아갈 마음과 다음으로 나아가고 싶은 마음이 생깁니다.

기록 방법

생활표, 알림장 | 아이 하나하나가 바라는 대로 방법을 찾아 키운다고 해서 교사가 아기한테 휘둘리기만 하면 '뒤를 좇는 보육'이 되어 결국 바쁘게 쫓기다 아이를 키우는 게 일이 되어 버릴 수 있습니다. 교사는 아기의 기본 생리 리듬을 어떻게 생활 리듬과 연결하여 넘어서게 할 것인지 생각해야 합니다. 아이가 생활 리듬을 정리하고 생활 습관을 익히게 하기 위해서는 며칠 동안 생활한 것을 기록하고, 알림장과 생활표를 만들어야 합니다.

아이들 생활을 있는 그대로 기록하는 생활표와 알림장은 아이들이 성장해 가는 역사를 기록하는 것이나 마찬가지입니다. 그러므로 부모와 교사가 서로 도와 어떻게 기록해야 아이의 상태를 잘 살펴볼 수 있는지 연구해야 합니다. 또한, 어린이집과 집이 서로 돕기 쉽게 기록해야 합니다. 생활표와 알림장에는 생명의 기본이 되는 먹고 자고 똥오줌 누는 것과, 놀이 활동과 몸 단련을 한 모습들을 쓰기 쉽고, 읽기 쉽고, 전달하기 쉽게 기록해야 합니다. 오사카에 있는 기타 다나베 어린이집에서 기록하는 생활표는 여러 면에서 잘 정리되어 쓰기 쉬운 것 같습니다.

어린이표 | 어린이집에서 저마다 기록하는 것 이외에 반드시 해야 할 것이 있는데 바로 어린이표입니다. 태어나면서부터 시작해서 병에 걸렸을 때, 예방 주사를 맞혔을 때 따위를 때마다 기록하여 다음 해에 이 어린이표를 바탕으로 해서 아이 상태를 대략 알 수 있게 해 둡시다. 좀 더 자세하게 정리하려면 개인 기록표를 따로 만드는 것도 좋습니다.

정리 | 일 년 동안 활동한 내용은 2월 말이나 3월 초순에 정리합니다. 4월에 새로운 학년이 시작되기 때문입니다. 먹는 것부터 걷고, 말하고, 관계 맺는 것을 기본으로 해서 일 년 동안 걸어 온 발자취를 정리합니다. 보기 좋게 사진을 많이 넣어 정리할 수도 있습니다.

표 12 생활표

기타 다나베 어린이집 생활표

이름	7시	8시	9시	10시	11시	12시	1시	2시	3시	4시	5시	6시	7시	메모
														음식 일지

건강상태
- 은 요 은 열
- 은 요 은 열
- 은 요 은 열

필요한것 / 기록
- 몸무게　은　은　( ) kg
- 키　은　은　( ) cm
- 건진　은　은
- 예방주사　은　은( )
- 그밖 ( )

필요한것

비고

□ 대변 실수
□ 소변 실수
□ 스스로 옷으로 갈아 입
□ 교사가 옷으로 갈아 입게 함
□ 운다
□ 짜증
□ 놀란다
□ 열 난다
□ 다쳤

□ 우유
□ 이유식
□ 일광욕
□ 바깥 공기 쐬기
□ 목욕
□ A 아기 체조
□ B 마른 수건 마찰
□ C 천을 마찰
□ D 발에 냉수욕

(1983년)

5

궁금해요

질문 저는 간호사입니다. 첫아이가 태어나기 때문에 육아 휴직
① 을 할지, 산후 조리를 하고 나서 아이를 어린이집에 맡길지
망설이고 있습니다. 어떻게 하면 좋을까요?

육아 휴직 제도는 여성이 아이를 낳고도 일을 계속 할 수 있도록 하기
위해 만든 제도입니다. 일본에서는 1991년에 제정한 육아 휴직에 관한
법률 제 1조 '어린이를 잘 키우기 위해서 근무 시간 따위를 사업주가 조
정하도록 정하여 어린이를 키우는 노동자의 복지를 증진하고, 경제와
사회 발전에 투자하도록 한다.' 는 내용을 바탕으로 모든 직종에서 아이
가 한 살이 될 때까지 육아 휴직을 신청하면 휴직을 할 수 있습니다. 단,
일용직 노동자와 기간제 노동자는 여기에 해당하지 않습니다. 이 육아
휴직 제도가 생기면서 그 전까지 산후 조리를 하고 나서 아이를 맡길 곳
이 전혀 없어서 일을 그만두어야 했던 여성과, 미숙아를 낳은 여성과,
산후 회복이 늦어진 여성들도 직장에 복귀할 수 있어서 여성이 계속 일
할 수 있는 조건이 만들어졌습니다. 그러나 직종이 한정되어 있고, 무급
이고, 육아 휴직이 끝날 때 아이를 어린이집에 보낼 수 있도록 완전하게
보장되어 있지도 않고, 제도에 대한 평가도 일정하지 않습니다.

직장, 집, 태어난 아이와 엄마의 건강 상태, 어린이집의 조건 같은 것
들을 종합해서 판단하여 육아 휴직을 할지, 아이를 어린이집에 맡길지
결정하세요. 먼저, 휴직 기간, 휴직 중 임금 유무와 사회 보험료 부담에
대한 직장의 규정을 미리 잘 조사해 둡시다. 건강하게 계속 일하기 위해
서는 직장과 집, 지역의 조건을 만드는 것이 중요합니다. 특히 의료 현
장에서는 야간 근무와 교대제 근무가 있기 때문에 일상 근무 조건도 생
각해서 정하십시오. 의료 노동은 학문이나 기술 면에서도 나날이 진보
하고 있는 직업입니다. 직장 동료와 잘 상담하고 휴직 기간을 선택하도
록 합시다. 아이가 발달할 수 있도록 하는 차원에서 말하면 보육 현장에

서는 한 살까지 어머니와 둘이서만 지내던 아기보다 엄마가 출산한 뒤에 몸조리를 하고 나서 바로 어린이집에 들어온 아기가 건강하고, 정서도 안정되어 있다고 이야기합니다. 집안에서 키우더라도 동무를 만들고, 부모가 적극 노력해야 합니다. 집이든 어린이집이든 아이를 바람직하게 키울 수 있도록 힘을 모읍시다.

길이 38센티미터
폭 22센티미터
높이 19센티미터

바퀴 여덟 개 달린 장난감 가미카 다다오가 만든 놀이 기구

질문 2 이번에 둘째 아이가 태어나기 때문에 육아 휴직을 하려고 생각합니다. 그러나 육아 휴직 기간에는 첫째 아이를 어린이집에서 받아 주지 않는다고 들었습니다. 어떻게 하면 좋을까요?

후생성에서는 1992년 3월에 '육아 휴직을 하고 있는 부모가 아이를 어린이집에 보낼 때'라는 공문을 내보내고 부모가 신청하고 원장이 필요하다고 인정하면 부모가 육아 휴직을 하고 있을 때도 큰아이를 계속 어린이집에 보낼 수 있게 했습니다. 어린이집에 들어가는 것도 이전의 '보호자의 여러 사정'에 '어린이 복지의 관점'을 덧붙여 ① 어린이집에 들어오는 어린이가 다음 연도에 초등 학교에 들어가야 한다거나 해서 환경이 바뀌는 데 주의해야 할 때, ② 집단 지도를 해야 하는 세 살 이상 어린이를 지역 어린이집에서 받아 줄 곳이 없을 때, ③ 그 밖에 어린이가 발달하는 데 환경이 바뀌는 것이 바람직하지 않다고 생각될 때' 는 어린이집에 그대로 두고 계속 돌볼 수 있게 했습니다. 그러므로 어머니가 육아 휴직을 하고 있어도 첫째 아이는 어린이집에 보낼 수 있습니다.

질문 ③ 엄마 젖으로 키워야 아이가 건강하게 자란다고 들었습니다. 산후 조리를 하고 나서 어린이집에 아이를 보내면 젖을 먹일 수 없습니다. 어떻게 해야 좋을까요?

엄마 젖으로 키우는 게 좋다고 알고 있어도 산후 조리원에 따라서는 태어난 아기에게 바로 분유를 먹여 버리는 곳도 있어서 엄마 젖으로 키우는 중요한 기회를 뺏고 있습니다. 또한 일하는 어머니는 출산 휴가가 끝나고 어린이집에 아이를 맡기면 어차피 젖을 먹일 수 없다고 포기해 버리기 쉽습니다. 그러나 아기에게는 엄마 젖이 가장 좋습니다. 더구나 초유에는 면역 물질이 들어 있고, 신생아를 병원균에서 지켜 줍니다. 흡수도 잘 되고 알레르기를 예방한다는 점에서도 되도록 젖을 먹이는 것이 좋지요. 일하러 나가면 젖이 잘 안 나오는 어머니가 많은 것 같은데 태어나서 3개월까지는 엄마 젖으로 키우려고 노력합시다. 그 뒤에라도 잘 나온다면 10개월 무렵까지 먹일 수 있으면 좋다고 생각합니다.

어린이집에서 직장이 멀리 떨어져 있어서 젖을 먹이러 갈 수 없는 어머니도 포기하지 말고 '젖 가방' 을 쓰도록 권합니다. 감마선으로 멸균한 비닐 봉지에 젖을 한 번에 먹을 만큼씩 넣어서 냉동해 둡니다. 손과 젖가슴을 깨끗이 하고 젖을 짜야 하는데, 고무 안에 젖이 고이게 되어 있는 도구는 쓰지 맙시다. 젖은 끓이면 면역 인자가 줄고 영양가도 떨어지지만, 냉동하면 면역 인자도 안전하고 영양가도 거의 바뀌지 않습니다.

더구나 냉동한 것은 한 달쯤 보존할 수 있습니다. 냉동한 것을 어린이집에서 녹여 먹이면 됩니다.

산후 조리 뒤에 어린이집에 아기를 맡기면 젖을 먹일 수 없다고 하는 것은 유아의 어린이집 보육을 안 좋게 보는 문제점 가운데 하나이기 때문에 집과 어린이집에서 젖을 먹일 수 있도록 노력해야 합니다. 어머니는 젖이 잘 나오게 하기 위해 영양 균형이 맞게 밥을 먹고, 쉴 수 있도록 연구합시다. 한 살 어린이를 맡고 있는 어린이집에서도 젖을 먹이는 방에 냉장고를 놓아 두고, 그렇게 하지 못할 때는 조리실 냉장고에 젖을 넣어 둡시다. 조제 분유보다 조금 손이 더 가지만 젖을 짜서 냉동해 두도록 어머니들에게 권장하면 좋겠습니다.

질문 ④ 약국에서 '튼튼한 아기'라고 하는 분유가 이유기부터 먹는 분유인데 먹이기 쉽고 영양도 뛰어나다고 들었습니다. 우유와 어떻게 다릅니까? 먹이는 것이 좋을까요?

태어난 지 9~10개월부터는 이유식도 하루에 세 번 먹고, 하루에 섭취해야 하는 영양소 가운데 삼분의 이쯤을 이유식에서 섭취할 수 있습니다. 이 시기에는 분유와 젖을 끊고 우유를 하루에 두 병쯤 주도록 지도하고 있습니다. 그래서 이 '튼튼한 아기' '치루민 에이(A)' '유치원 시대' 같은 분유가 나옵니다. 우유와 견주어 철분이 첨가되어 있는 지방을 식물성 기름으로 바꿔 놓았다고 하면서 완전 식품같이 광고하며 팔고 있지만, 본디 이유기 때는 하루에 우유를 두 병 먹고 이유식을 제대로 먹으면 영양을 충분히 섭취할 수 있습니다. 또 앞에서 말한 분유들을 먹이면 완전 식품이라고 생각해서 이유식을 먹이지 않을까 걱정스럽습니다. 10개월 무렵 된 아기가 죽과 위에서 말한 분유를 하루에 1리터쯤 먹다가 설사를 하고 토하고 고장성 탈수증에 걸려서 병원에 실려 간 적도 있습니다. 어머니가 병에 걸린 아기에게 분유를 자꾸 먹였던 것입니다. 젖을 먹이는 것이 좋다는 생각이 퍼지면서 분유가 팔리지 않자 분유 회사에서 분유를 팔려고 '이유기 후기부터 먹는 분유' 같은 것을 만들어 냈습니다. 그러나 이 분유는 필요 없고, 오히려 잘못 먹이면 위험합니다.

	단백질	지방	탄수화물	무기질	칼로리
엄마 젖	1.4	3.1	7.1	0.2	61
우유	2.9	3.3	4.5	0.7	59
분유 '튼튼한 아기'	2.98	2.2	7.25	0.56	61

(g/100ml)

질문 ⑤ 한 살부터 집단 보육을 하면 나중에 아이가 잘못 발달할 수도 있다고 들었습니다. 저도 젖먹이 시기에는 엄마 손으로 키워야 한다고 생각하는데 어떻게 하는 것이 좋겠습니까?

갓 태어난 아기는 엄마가 따뜻한 분위기와 목소리와 얼굴로 안아서 젖을 먹이고 기저귀를 갈며 부드럽게 대해 주는 것을 날마다 보고 느끼면서 천천히 몸과 마음이 자랍니다. 그러면서 엄마와 아이는 애정이 깊어집니다. 하지만 아기에게 엄마가 가장 중요한 사람이긴 하지만, 아기는 어른뿐 아니라 또래하고도 조금씩 관계를 맺어 가야 합니다.

어린이집에서 잠에서 깨어나 문득 옆에 있는 동무와 눈을 마주치며 방긋 웃기도 하고, 동무와 함께 있다는 것만으로도 마음과 마음이 통합니다. 또, 서로 가지고 있는 장난감에 손을 뻗어 잡아당기면서 깜짝 놀라 울기도 하며 감정을 나눕니다. 이것은 엄마만으로는 얻을 수 없는 즐거운 경험입니다. 잘못 발달하는 것이 아니라 오히려 아기 생활이 더 즐거워지고, 풍성해집니다.

여성이 일을 계속 하기 위해서 공동으로 아이를 키우기 시작하고, 민간 어린이집에서는 일하는 어머니들의 바람을 받아들여 스스로 나서서 어머니의 산후 조리가 끝난 뒤에 아기를 돌보기 시작했습니다. 이 일은 사회에서 한 살부터 집단으로 아이를 키울 수 있다고 믿게 해 주었습니다. 또한 사회가 진보하면서 가사 노동이 사회화되고, 아이를 키우는 일은 엄마 손으로 하던 일에서 부부가 함께 하는 일이 되고 있습니다. 사회 보육을 요구하는 운동이 활발해지면서 어린이집이 세워지고, 한 살 어린이 보육도 사회에서 인정받게 되었습니다. 내용 연구가 아직 덜 되었고, 조건도 제대로 갖추지 못했지만 웬만큼 나아졌습니다. 보육 기관에는 육아 전문 교사도 많이 있습니다.

교사들은 많은 아기를 돌보고 있기 때문에 아기마다 성장하는 모습은 다르지만 아기 키우는 이치는 하나라는 것을 배우고 있습니다. 그래서 어머니가 "우리 아이는 아직 앉지 못해요. 괜찮을까요?" 하고 걱정하면 교사는 "지금 ○○는 열심히 기어다녀요. 신기한 것을 보면 바로 기어가서 만져 봐요. 그렇게 팔과 다리 힘을 길러서 앉을 때를 준비하는 거예요." 하고 대답하면서 부모가 평균치가 되지 않는 자기 아이를 걱정할 때 알맞게 도움말을 해 줄 수 있습니다.

엄마와 둘이서만 지내는 아기는 뭔지도 모르면서 엄마가 청소하고, 빨래하고, 밥하는 데 붙어다니지만 사실 엄마는 아기와 제대로 마주 보고 노는 시간을 내기도 어렵습니다. 어린이집에서 계획한 대로 생활하면서 아기는 교사와 함께 즐겁게 자고 먹고 놀고, 저녁에 좋아하는 엄마 품으로 돌아갑니다. 아침 저녁으로 얼마 안 되는 시간과 모처럼 찾아오는 쉬는 날, 귀중한 한순간을 아빠 엄마가 아기와 어떻게 만날 것인가? 그 좋은 점과 나쁜 점을 생각하고 마음을 정하세요.

질문 6 남편이 "바쁘다, 바쁘다." 하고 좀처럼 집안일이나 아이 키우는 일을 함께 하지 않습니다. 하다못해 빨래하고 학부모 모임에만 참가해도 좋겠는데, 어떻게 해야 할까요?

먼저, 왜 남자는 집안일과 아이 키우는 일을 같이 하지 않는지 생각해 봅시다.

첫째, 집안일과 아이 키우는 일은 여자가 할 일이라는 생각이 뿌리 깊게 박혀 있습니다. 나이 많은 사람이나 남성뿐 아니라 젊은 여성도 그렇게 생각하는 사람이 많습니다. 한편, 기업에서는 남성들을 스물네 시간 일에 매어 두고 싶어합니다.

두 번째, 많은 남성들은 집안일과 아이 키우는 일이 몸에 배어 있지 않습니다. 집안일은 여자 일이라고 하는 낡은 상식 속에서 그렇게 길들여져, 중요한 집안일을 자기 것으로 만들지 못했습니다.

그 다음으로 맞벌이 부부가 하는 집안일을 생각해 봅시다. 집안일은 식구가 모두 함께 하는 것이 기본입니다. 여자니까 한다는 생각을 고치지 않으면 아내가 짊어지는 짐은 자꾸 늘어나고, 아내가 한 여성으로 직장 생활을 하면서 사람으로서 성장해 가는 것을 막습니다. 직장에서는 여자이기 때문에 여러 가지 차별을 받고, 집으로 돌아오면 집안일과 아이 키우는 일도 모두 혼자 해내야 하는데 이런 상태를 남편이 모른 척한다면 진정한 애정이 있는 반려자가 아닙니다. 남성은 도와 주는 것이 아니라 같이 하는 것이고, 주인 정신으로 일을 한다는 생각에 눈 떠야 합니다.

집안마다 조건이 달라서 하나로 말할 수는 없지만, 다음과 같이 해 보면 어떨까요?

집안일과 아이 키우는 일을 같이 하기 위해서는 남성은 먼저 자기 일은 자기가 합니다. 아내가 "내가 없으면 안 되나요?" 하면서 남편이 스스로 일어서는 것을 방해하면 발전하지 않습니다.

그 다음에는 남편의 생각과 취향을 생각하면서 무언가 한 가지씩 도움을 받는 것입니다. 내 일이라고 확신하면서 뛰어들 수 있게 만들고, 일을 마치면 평가를 잘 해 줘야 합니다. 솜씨가 서툴러도 정말 도움이 되었다고 하면서 마음을 터놓고 칭찬하고 고마워하십시오. "아무것도 못 하는군." 하며 입바른 소리를 하면 이제껏 이루어 놓은 성과가 무너집니다. 아이 키우는 일도 엄마 젖을 주는 것 말고는 남성도 잘 할 수 있습니다.

단지 어머니 짐을 덜어 주려고 집안일과 아이 키우는 일을 같이 하는 것이 아니라, 식구들 한 사람 한 사람이 힘을 모으는 것이라고 생각하고 실천해야 생생하고 충실한 맞벌이 집안을 만들 수 있습니다.

길이 92센티미터
폭   43센티미터
높이 19센티미터

균형잡기 놀이 기구 가미카 다다오가 만든 놀이 기구

질문 ⑦ 아이들 아버지가 아이들과 부대끼는 것이 중요하다고 하면서 밤늦게 집에 돌아와서는 자고 있는 아이를 깨워서 놉니다. 아이들은 생활 리듬이 깨어지고, 언제나 아침에 칭얼거려서 힘듭니다. 어떻게 하면 좋을까요?

요즈음은 어느 직장이나 일하는 시간이 길어져 아버지들이 늦게 돌아오는 집안이 많다 보니 이런 걱정을 많이 합니다. 아버지 노릇이 강조되는 만큼 아버지로서 무엇인가 아이들과 함께 하고 싶다는 마음을 나타내는 것이 아닐까요?

어른들 생활이 바빠지고, 입시 전쟁을 치른 사람들이 어버이가 되면서 밤에 생활하는 것이 보통 일처럼 되어 버렸지만 지금부터 성장해 가는 아이들의 생활 리듬은 유아기 때 둘레에 있는 어른들 태도로 만들어집니다. 사람의 생체 리듬은 오랜 시간에 걸쳐서 해가 뜨면 일어나서 활동하고, 밤에는 자는 것으로 만들어져 있습니다. 해가 떠 있는 동안에 눈을 뜨고 활동하면서 대뇌를 일하게 하고, 밤에는 자면서 대뇌에 영양을 충분히 공급해야 합니다. 그래서 '잠 잘 자는 아이는 잘 큰다.'는 속담이 나왔습니다. 낮에 열심히 활동하고, 밤에 일찍 푹 자면 성장 호르몬이 더욱 잘 나옵니다.

이러한 생체 리듬을 거스르고, 밤늦게 자고 있는 아이를 깨워서 부모와 자식이 서로 건드리고 만지고 하면 아이들 앞날을 아주 방해할 수 있습니다. 이는 어른이 제 마음대로 아이를 가지고 노는 것이라고 할 수 있습니다. 밤에 불을 켜 놓고 안 자고, 아침에 햇빛 밑에서 자면 자율 신경을 방해해서 머리가 둔해지고 행동이 굼뜹니다. 사람은 운동을 적당하게 하면 대뇌가 빨리 움직이므로 아버지가 아이들과 부대끼고 싶으면 아침 먹기 전에 잠깐 걷는 것이 좋습니다.

어느 어린이집에서는 이런 경험이 있습니다. 두 살 난 아이인데 정말 잘 놀고, 수다도 잘 떨고, "애, 우리 ……하자." 하면서 동무들을 찾아다녔습니다. 그렇지만 이 아이가 아침에는 잘 놀지 않았습니다. 어린이집에 와서도 아빠와 떨어지기 싫다고 울고불고, 언제나 한 시간쯤 앉아만 있었습니다. 이 아이는 오후부터 즐겁게 놀기 시작합니다. 아이에게 숨어 있는 능력을 마음껏 표현할 수 있게 하려고 집에서 생활하는 모습을 살펴보니 아이는 아빠와 밤에 늘 놀고 있었습니다. 담임 교사는 "아버지와 아기가 놀려면 어린이집에 오기 전 아침 시간에 놀면 안 될까요. 어릴 적에는 아이들을 사람답게 키우기 위해 부모가 책임지고 아이들 생활 리듬과 먹는 습관을 제대로 들이고, 건강을 관리해 줘야 합니다. 아기가 하자는 대로 해 주거나, 어른이 편한 대로만 하면 결코 아기를 소중하게 잘 키울 수 없습니다." 하고 시간을 들여 침착하게, 정성껏, 꼼꼼히 설득했습니다. 결국 부모가 아침 일찍 일어나고, 아이는 조금씩 아침 활동을 했습니다.

질문 8 아이 어머니가 교사인 저와 의논을 많이 하지만 아이를 어떻게 키워야 하는지 잘 모르고 있어서 걱정입니다. 요즈음에는 노이로제까지 있는 듯해서 잘 도와 드리고 싶은데 어떻게 하면 좋겠습니까?

요즈음은 아이가 하나나 둘만 있는 집이 늘어나면서 옛날처럼 할머니에게서 어머니, 어머니에게서 딸에게로 아이 키우는 경험이 잘 전해지지 않아 이렇게 걱정하는 부모들이 많이 생깁니다. 또, 부모가 되기 위한 마음의 준비도 제대로 하지 못한 채 되는 대로 어머니가 되어 버리고, 그러다 보니 아이를 키울 때 불안해하기만 합니다. 이것을 보충이라도 하듯이 온갖 육아 책이 책방에 즐비하게 나와 있고, 백화점 어린이 매장에는 시대의 첨단을 걷는 듯이 편리해 보이는 육아 용품이 넘쳐납니다. 불안한 어머니들은 그러한 것들에 기대어 나름대로 꼼꼼히 육아 책을 찾아가며 아이를 기르고 있지만 아무래도 잘 되지 않습니다. '몇 달째는 이렇게 된다.' '몇 살 때는 이런 것을 사야 한다.' 같은 내용들이 있지만, 책대로 되지 않는다고 걱정합니다.

"똥이 하루 종일 안 나오는데 어떻게 하면 좋아요?" "잘 먹지를 않아요." "밤새 심하게 울어요." "언제까지나 아기 노릇만 해요." "옹알이도 늦어요." "말을 듣지 않아요." 하고 의논할 사람이 없거나, 친정어머니에게 의논해 보아도 노인들도 아이를 한둘밖에 키워 보지 않았거나 해서 요즈음 어머니들은 점점 모성을 키워 가기 어렵습니다. 아이들은 하나하나 모두 다르게 크므로 누구나 보는 육아 책은 도움이 되지 않을 때가 많습니다. 아이는 발달이 늦거나 빠르더라도 같은 맥락과 같은 과정으로 발달한다는 믿음을 가져야 하는데, 이럴 때는 여러 아이를 키워 본 교사와 의논하는 것이 가장 좋습니다.

요즈음에는 어린이집에서 아이 키우는 경험과 슬기를 전해야 한다고 생각하여 여러 지역에서 '어린이집은 지역 육아의 중심'이라는 운동을 펼치고 있습니다. 어느 어린이집에서는 지역의 어머니와 함께 아이 키우는 일을 이야기해 보겠다고 아기 교실을 여는 광고지를 돌렸는데, 금방 전화로 "아기가 태어난 지 2개월 되었는데 어떻게 해야 좋을지 몰라서 걱정이에요. 참가해도 되겠습니까?" 하고는 곧바로 아기를 데리고 오는 사람도 있고, 반응이 아주 좋았습니다.

아이 키우는 것을 걱정하고 불안해하면서 의논할 때는 어린이집에서 만난 아이들 모습을 자세하고 뚜렷하게 소개해 나가면서 한 가지 한 가지 정성껏 대답해 줘야 합니다. 그와 함께 눈 앞에 있는 아이들 모습만 보고 기뻐하고 슬퍼할 게 아니라 앞날을 짊어지고 나갈 아이들을 모두 함께 어떻게 키워야 할지, 이 아이들을 위해서 어떤 사회를 준비해야 할 것인지 생각하며 시야를 넓게 가지고 성실하게 부모가 온 힘을 다해 아이를 키워야 한다는 것을 전해 주어야 합니다.

질문 9 우리 어린이집에서는 아이 체온이 37도가 넘으면 맡지 않는 것이 원칙인데, 아이는 체온이 37도가 넘어도 건강할 때가 많습니다. 37도의 기준을 어떻게 생각하면 좋을까요?

체온은 열이 나고, 밖으로 내보내면서 조절됩니다. 몸에 수분이 떨어지면 열이 밖으로 잘 나가지 않고 그대로 몸에 전해져 체온이 올라갑니다. 여름철에 열이 나는 것도 그 때문입니다. 아기는 신진 대사가 활발하여 운동을 많이 하면 체온 조절이 잘 안 되고, 또 바깥에서 영향을 많이 받아 체온이 불안정합니다. 체온 조절 기능이 갖춰지는 때는 열한 살 무렵이라고 합니다. 어른은 1도 안팎으로 체온이 오르내리지만 젖먹이 아기는 그보다 좀 더 폭이 넓고, 하루 가운데서도 오전 5~6시에는 더욱 높습니다. 젖먹이 아기의 체온이 36.6~37.5도 사이면 정상 체온이라고 생각합니다.

열은 감염이 된 만큼 오르거나 내리지는 않지만, 열이 나면 경련이 일어나기 쉽고, 전염병 초기 증상일 때가 많으므로 주의해야 합니다.

흔히 어린이집에서는 체온이 몇 도로 올라가면 부모에게 연락해야 할까 하고 생각합니다. 그러나 보육 조건도 생각해서 조금 시간을 두고 다시 재어 보아도 열이 있을 때는 몸 전체가 나빠질 수도 있다고 생각하여 37.5~38.0도쯤으로 기준을 만들어야 합니다. 이 문제는 경험을 쌓아 가면서 어린이집에서 부모와 함께 검토해야겠습니다. 열이 날 때 좌약으로 열을 내리게 해서 어린이집으로 데리고 오면 결국 병만 복잡하게 만들므로 아기에게는 부담이 됩니다.

질문 10 아이가 습진이 심한데 어머니가 아이한테 달걀 알레르기가 있다고 먹이지 말라고 합니다. 어떻게 해야 할지 걱정입니다.

식이성 알레르기를 일으키는 3대 식품으로는 달걀, 우유, 콩이 있는데 그 밖에도 여러 가지 식품이 원인이 되기도 합니다. 예를 들면 달걀에서 오는 알레르기도 여러 가지여서 이유기에 처음으로 달걀을 먹으면 아이에 따라 토하기도 하고, 두드러기가 나기도 하고, 습진이 심하게 번지기도 하고, 심하면 먹고 삼십 분쯤 지난 뒤에 피부에 발진이 나고 천식과 발작을 일으켜 기침을 하기도 합니다. 따라서 실제 증상을 보고 대처해야 합니다.

습진이 생기는 아이는 너무 신경성 체질로만 보지 말고 실제로 대처해 가면 좋겠습니다. 달걀 알레르기 같은 식이성 알레르기는 장의 운동 발달과 관계가 있어서 두 살이 안 된 유아기에는 나타나지만, 두 살이 지나면 대부분 저절로 좋아집니다. 그러나 습진이 너무 심해서 밤잠도 못 자고, 피부가 계속 곪을 때는 달걀로 만든 음식을 먹이지만 않으면 좋아질 수 있습니다.

식이성 알레르기를 일으키는 아기에게 음식을 먹이려면 어린이집에서 나름대로 준비해야 합니다. 예를 들면, 콩 알레르기를 일으키는 아이가 있으면 기름과 냄비까지도 따로 쓸 수 있는 설비가 갖추어져 있는지, 콩을 빼고 만든 음식을 전문으로 만드는 업자에게서 재료를 구입하는지 따위를 의논해야 합니다. 어린이집에 따라서는 도와 줄 수 없고 도시락을 가져오라고 하는 곳도 있습니다. 이런 경우에는 정신 발달에 대해서도 교사들이 제대로 알고 있어야 합니다. 아기가 성장하는 데 칼로리와 영양 균형이 크게 영향을 미치는 시기이므로 실제로 먹는 것을 제한하면 자라는 데 영향을 미칠 수도 있습니다.

알레르기 질환에 대해서는 의학 연구도 눈에 띄게 나아지고 있으므로, 앞으로 연구가 진행되는 데 기대를 걸어 보도록 하고 현재 상태에서 단정해서 판단하지 않는 것이 좋습니다. 대신 참고 문헌을 하나 소개하겠습니다. 《어린이의 식이성 알레르기》(다테노 고지, 기시 기쿠코 글)라는 책인데 알레르기를 일으키는 물질이 들어가지 않은 음식을 먹일 때 반드시 살펴봐야 하는 책입니다. 식이성 알레르기와 알레르기를 일으키는 물질을 없앤 음식을 먹일 때 어떻게 해야 하는지 자세하게 나와 있습니다. 다만 여러 가지 질환을 알레르기라고만 설명하고 제한하는 것이 너무도 엄격하여 실제로 따라할 수가 없어서 병이 낫지 못하면 부모는 주는 방법이 나쁘지 않았나 생각할 수 있습니다. 습진과 천식은 여러 가지 병을 일으키는 원인이 될 수 있다는 것을 잘 이해하고 참고하면 좋겠습니다.

지름 16센티미터

달구지로 집짓기, 나무 토막 장난감 가미카 다다오가 만든 놀이 기구

질문 11 올해 우리 어린이집에 몸이 약한 아이가 들어옵니다. 조심해야 할 점을 가르쳐 주십시오.

아이가 병이 있어 몸이 약하다 해도 건강 관리만 확실하게 하면 집단 생활을 할 수도 있습니다. 예를 들면, 심장병처럼 타고난 병이나 가와사키 병(급성 피부 점막 림프절 증후군. 갑자기 열이 많이 나고, 발진이 있고, 눈이 충혈되며, 목과 림프선이 비대해지고 아픈 병. 아직 원인을 모르며 일본 의사 가와사키 도미사쿠가 1967년에 발견했다.)과 같은 후천적인 것, 그리고 신장병처럼 증세가 갑자기 나타나고 빠르게 진행되는 병이 있습니다. 더구나 아이에 따라서 특별한 병명이 붙지 않아도 체질이 약하고 금세 병이 나기 쉽고 병이 심해지거나, 기침을 하며 폐렴을 일으키거나, 감기만 들면 설사가 그치지 않고 몸무게가 줄어들거나, 열이 잘 나기도 합니다. 또한, 태어날 무렵에 중추 신경계에 장애가 생겼거나, 간질 증후군 같은 선천성 질환이 있거나, 미숙아로 태어나면 감염에 대한 저항력이 약한 것으로 잘 알려져 있습니다.

이러한 아기들을 받아들일 때는 먼저 부모와 이야기를 나누어야 합니다. 의사가 지시한 내용, 아이의 상태를 파악하는 법, 아이 상태가 좋지 않을 때 자주 나타나는 증상, 응급 치료 방법 들을 알아야 하기 때문입니다. 부모는 어린이집에서 받아 주지 않을지도 모른다고 생각해서 증상을 가볍게 말하기도 하는데 아이를 행복하게 키우기 위해서는 병을 올바로 관리하고 마음써야 하며, 더 나아가 아이가 평소에 즐겁게 살아갈 수 있게 하려면 무엇이 중요한가를 생각하여 맡기는 쪽과 맡는 쪽에서 모두 성의를 다해 확실히 이야기해야 합니다.

둘째, 교사가 의사에게 병의 증상과 평소에 조심해야 할 점을 듣는 것이 가장 좋지만, 그렇지 못할 때는 부모에게 잘 듣게 하여 전해 들어야 합니다.

셋째, 병으로 몸이 약한 아이라도 몸 상태가 좋으면 조금이라도 몸을 단련시키고, 기본 생활 습관을 몸에 배게 해야 하므로 모든 것을 너무 특별하게 다루면 안 됩니다. 또 이렇게 해야 체력도 키울 수 있고, 아이가 제대로 발달할 수 있다는 것을 부모와 함께 이야기하고 실천해 가야 합니다. 병에 따라서 자극을 주면 안 되는 것도 모두 다르므로 병에 대해서도 공부해야 합니다. 어린이집, 부모, 의사가 만나서 의견을 나누는 것이 가장 바람직합니다.

폭 40센티미터
앞쪽에서 안쪽으로 높이 50센티미터

밀어 주는 차 가미카 다다오가 만든 놀이 기구

질문 ⑫ 여동생이 아기를 낳았습니다. 갓난아기에게 입으로 빠는 장난감을 보내 주려고 하는데 플라스틱 제품이 안전한지 모르겠습니다. 빨아도 좋은 장난감을 소개해 주세요.

입으로 빠는 장난감은 아기가 세상에 나와서 처음으로 만나는 장난감이라고 할 수 있습니다. 보통 시중에서 파는 장난감은 대부분 플라스틱 제품인데, 빨간색이나 노란색이 칠해져 있고 흔들면 소리가 나는 물건이 많습니다. 이런 장난감은 소재나 색이 걱정스럽습니다. 거기에다 가운데를 쥐고 양쪽으로 둥글게 핥을 수 있는 장난감은 아기 입 속으로 쏙 들어갈 수 있어서 위험합니다.

우리 둘레에서 점점 자연스러운 것이 사라져 가는데, 아기에게 처음으로 주는 장난감은 되도록 자연 소재로 만든 것을 주십시오. 가미카 다다오가 만든 나무 장난감 중에 '잇몸 굳히기' 장난감이 있습니다. 벚나무로 만든 것이라 손에 닿는 느낌도 부드럽고, 쥐고 흔들면 소박한 소리도 납니다. 둥근 것과 세모, 네모 세 가지 모양이 한 묶음인데 어떤 아기든지 처음에는 세모 모양을 갖고 논다고 합니다. 모두 굵기가 다르고, 쥐고 핥고 씹는 것도 변화를 줄 수 있게 만들었습니다. 가미카가 만든 놀이 기구는 모두 손수 만든 것이므로 하나하나 모양이 조금씩 다르고, 똑같은 물건은 없습니다. 몇 번이고 깎고 닦아서 정성이 스며들어 있습니다. 이런 것이 아기들 마음을 사로잡는지 아기들은 언제까지나 싫증내지 않고 좋아합니다. 잇몸 굳히기 장난감과 통 쌓아올리기, 파닥파닥 놀이, 자동차 바퀴 쌓기, 여덟 가지 차 타기 묶음, 자유롭게 쌓기, 찬합 쌓아올리기 같은 장난감은 집에서도 한 살 어린이부터 그 위에 아이들까지 모두 자유롭게 갖고 놀 수 있습니다.

　한 살 어린이 방에 층계 미끄럼틀이나 정글짐이 있으면 한 살 후반기에 들어선 아이들이 정말 재미있게 놉니다. 놀이 기구는 아기에게 꼭 있어야 합니다. 어른들이 확실하게 눈으로 보고 잘 판단하여 주어야 합니다. 가미카가 만든 나무 장난감은 가게에서 팔지 않습니다. 대부분 주문 생산하기 때문에 사려면 석 달쯤 기다려야 합니다. 아기들 개월 수를 생각하여 계획을 짜서 마련해 주면 좋겠습니다.

잇몸 굳히기 가미카 다다오가 만든 놀이 기구

어린이 권리를 보장하기 위하여

변화, 발전해 온 어린이관

어린이 권리와 그 보장

어린이 발달과 교육의 관계

변화, 발전해 온 어린이관

전쟁은 싫어

어느 교사가 한 말에 귀 기울여 봅시다.

"1944년 가을, 제 2차 세계 대전 때 미군기가 일본 본토를 공습해 오자 모자애육회 소속인 도고 시 어린이집과 요코가와바 시 애육 인보관(이웃끼리 서로 돕고 빈민을 구제하기 위해 세운 단체. 옮긴이)은 아이들을 데리고 사이타마 현 남 사이타마 군 히라노 마을에 있는 절에 어린이집을 세웠다. 켄은 내가 일하던 애육 인보관에서 온 영리하고 발랄한 네 살배기 아이였다. …… 1945년 3월 10일, 동경 대공습으로 애육 인보관도 켄네 집도 불타고, 엄마와 다정한 할아버지 할머니, 귀여운 누이동생 다카에도 죽고 말았다. …… 그로부터 36년 뒤에 켄을 만났다. 켄은 두 딸을 둔 자상한 아버지였다. …… '나는 그 절도, 어머니도 잘 기억나지 않아요. 어릴 적 일들이 생각나지 않는 것은 참 쓸쓸한 일이지요. 그래도 오늘은 여러 가지를 알 수 있어서 기뻐요. 이제야 나도 평범한 한 사람이 된 것 같아요.' 켄은 볼을 반짝이며 말했다. 전쟁이 켄에게서 어릴 적 추억마저 빼앗아 버렸다는 사실에 새삼 놀랐다."

('켄, 36년 만에 다시 만난 기쁨', 후쿠치토시 글, 〈어릴 적 친구〉 1982년 4월호)

전쟁은 어른과 청년들을 전쟁터로 내몹니다. 전쟁 정책에 반대하는 것은 곧 목숨이 걸린 탄압을 받는다는 뜻입니다. 아이들은 강제로 부모 손에서 떨어져야만 했습니다. 일본의 어머니들은 일본 어머니 대회에서 이렇게 정의롭지 못한 일이 두 번 다시 되풀이되어서는 안 된다고 온 세계에 호소했습니다. "생명을 낳는 어머니들은 생명을 키우고 지키기를 바랍니다." 하고 말입니다.

이런 바람은 비단 어머니들뿐만 아니라 아버지들, 아니 주권자인 국민과 온 세계 사람들이 선언하여 열매를 맺었습니다. 유엔은 1948년 총회에서 '세계 인권 선언'을 하고, 1978년 총회에서는 '평화롭게 사는 사회를 준비하기 위한 선언'을 결의했습니다. 1978년 유엔 총회에서 결의한 선언은 '사람은 태어나면서부터 인종, 사상, 언어, 성별로 차별받지 않고 평화롭게 살 수 있는 권리가 있다.'는 내용을 담고 있습니다. 일본은 헌법, 교육 기본법, 어린이 헌장, 어린이 복지법에서 평화주의, 민주주의, 기본 인권의 원리를 철저히 좇고, 전쟁으로 무너진 사회를 일으키기 위해 첫발을 내딛었습니다.

1951년 5월 5일에 제정한 일본 어린이 헌장은 미래를 짊어질 어린이들의 '생존과 발달'에 관한 권리를 규정해 놓았습니다.

우리는 일본 헌법의 정신에 따라서 어린이에 대한 올바른 관점을 세우고, 어린이를 행복하게 살게 하기 위해서 이 헌장을 만들었다.

어린이는 한 사람이라는 존엄성이 있다.

어린이는 사회의 한 사람으로서 존중받는다.

어린이는 좋은 환경 속에서 자라야 한다.

1. 어린이는 몸과 마음이 건강하게 태어나고, 자랄 수 있어야 한다.

2. 어린이는 집안에서 올바른 사랑을 받으며 지식과 기술을 배워야 하고, 집안 환경이 불우한 어린이는 그 아이가 잘 자랄 수 있는 환경에서 살게 해 줘야 한다.

3. 어린이는 영양을 알맞게 섭취해야 하고, 주거 환경과 입을거리를 제공받고, 질병과 재해에서 보호받는다.

4~8. 생략.

9. 어린이는 좋은 놀이터와 문화재의 혜택을 누릴 수 있고, 나쁜 환경에서 보호받는다.

10. 어린이는 학대, 혹사, 방임 그리고 그 밖에 자기를 부당하게 다루는

모든 데서 보호받는다.

11~12. 생략.

유엔도 1959년 총회에서 '어린이 권리 선언'을 채택했는데, 전문에 "인류는 어린이에게 가장 좋은 것을 줘야 할 의무가 있다."고 밝혀 놓았습니다. 이는 1979년에 국제어린이연합회에서 '어린이 권리 선언'을 제창하는 바탕이 되었습니다.

어린이 권리 선언 제 4조는 "어린이는 사회 보장 혜택을 받을 권리가 있다. 어린이는 건강하게 자라고, 성장할 권리가 있다. 이를 위해서 출산 전후에 있는 어린이와 어머니는 특별하게 보살피고 보호해야 한다. 어린이는 알맞은 영양을 섭취하고, 주거 환경을 제공받고, 놀이 활동과 의료 혜택을 받을 수 있는 권리가 있다."고 규정하고 있습니다.

또 제8조에서는 "어린이는 모든 상황에서 가장 먼저 보호하고 구제해야 한다."고 밝혀 놓았습니다.

이러한 어린이 권리 선언은 십오 년에 걸친 전쟁으로 입은 희생과, 2천만이 넘는 전쟁 사망자의 목숨이라는 무거운 과거를 짊어지고 태어났습니다.

오늘날 아주 당연한 일로 받아들여 점점 빛을 잃어 가는 '어린이 권리'도 인류사의 과제를 담고 있다는 것을 알아야 합니다. 우리는 다시 한 번 눈물로 전쟁을 반대하면서, 미래를 짊어지고 나갈 어린이들을 진실로 지켜 나갈 것을 옛 조상들에게 맹세합니다.

지난날의 어린이관

일본에는 옛날에 '아귀'라는 말이 있었습니다. 이 말은 아이들이 불행하게 살아온 역사를 반영한 것입니다. 어린이를 저주한 역사라고 할 수 있겠지요. 예를 들면, 봉건 영주들은 배고파 허덕이던 서민들에게 아이들은 부모를 닮지 않고 못 되게 태어나기 때문에 아이가 태어난 지 백일이 되는 날 그 마을 수호신에게 데리고 가서 참배하기 전까지는 사람으로 대하지 않아도 괜찮다고 했습니다. 이것은 가난한 서민들이 한 입을 덜기 위해 태아를 죽이는 것을 합리화하기 위해 봉건 영주들이 퍼뜨린 사상입니다. 그러면서도 봉건 영주들은 '자식 복'이라고 해서 남자 아이를 좋아했습니다. 생각해 보면 아이들을 태어날 때부터 보호하기 위해서는 사회가 웬만큼 잘 살고, 안정되어 있어야 합니다. 가난은 단순히 싫은 것이 아니라 아이들 목숨마저도 빼앗아 갈 수 있는 것입니다.

근대에 들어와서 여자 아이들의 명절인 하나마쓰리나 단오가 서민들 사이에 널리 퍼졌습니다. 이는 어린이가 자신들을 애물단지로 다루던 시대를 오랫동안 참고 버텨야 했다는 뜻입니다. 사회가 수공업 사회에서 기계로 일하는 대공업 사회로 발전하면서 부유해지자 사람들은 조금이나마 자유롭게 아이를 낳고 키울 수 있어서 아이를 애물단지로 생각하지 않았지만, '어린이의 생명이 진실로 빛나는 시대'는 아직 오지 않았습니다.

불평등한 시대에 부모는 상전이 시키는 대로 묵묵히 일을 해야 생계를 꾸릴 수 있었습니다. 아이들은 거의 교육을 받을 수 없어서 부모가 살아온 삶을 그대로 대물림하고, 부모는 '비천한 우리 자식이니까.' 하고 생각하게끔 길들여졌습니다. 이것은 학대받는 사람들이 짊어진 숙명론이었습니다. 그러나 루소는 이런 역사를 끝내고 앞 시대와 전혀 달리 아이들을 바라보는 관점에 새로운 빛을 던졌습니다. 루소는 《사회 계약론》에서 이렇게 말하고 있습니다.

"아이들은 사람으로 또 자유로운 존재로 태어난다. 아이들의 자유는 아이들의 것이고, 아이들이 아닌 어떤 사람도 그것을 마음대로 처분할 권리가 없다."

또 루소는 《에밀》(1762)에 쓴 머리말에서 다음과 같이 말하고, 올바른 교육의 이상 즉 발달과 교육의 관계를 좇습니다.

"우리는 약하게 태어난다. 우리는 힘이 있어야 한다. 우리는 아무것도 가지지 않고 태어난다. 우리는 우리를 도와야 한다. 우리는 분별력 없이 태어난다. 우리는 판단력이 있어야 한다. 교육은 우리에게 태어날 때는 없지만 어른이 되면 있어야 할 것을 모두 준다. 이 교육은 자연이나 사람이나 사물이 한다."

루소가 주장한 이 말은 유전자 결정설이나 전성설에 영향을 받아 '아이들은 작은 어른이다.'고 생각하던 시대에 "아니, 틀려. 아이들은 그냥 아이일 뿐이므로 풍요로운 자연 속에서 교육 받을 권리가 있어야만 참사람, 어른으로 성장해 나가는 거야." 하고 힘주어 말한 것입니다. 말하자면 가능성을 바탕으로 '발달에 따른, 발달에 필요한 교육을' 이라는 대원칙을 세운 것입니다. 물론 그 때는 아이들에 대한 연구가 부족하기도 했고, 루소가 경험주의를 바탕으로 해서 주장한 만큼 오늘날 루소와 같은 주장을 한다면 '가능성 논의' 라는 문제가 남습니다.

그래서 당시 프랑스의 정치가들은 루소가 주장한 사상을 위험한 사상이라고 보고 루소를 탄압했습니다. '아이들에게 가능성을! 아이들에게 교육을! 아이들에게 사람으로 살 권리를!' 하는 사상은 평등주의로 이어지기 때문입니다. 《에밀》에 금서령이 내리고, 루소는 프랑스에서 쫓겨났습니다. 그러나 그 사상은 1789년에 일어난 프랑스 혁명에서 채택한 인권 선언으로 이어집니다. 프랑스 혁명을 이끌어 낸 국민의 사상은 이 《에밀》에 바탕을 두었다고 합니다.

이렇게 불평등한 사슬을 끊고 평등 사상을 발전시킨 역사는 어린이는 보호받아야만 하는 존재이며, 발달할 수 있는 존재이며, 권리 주체라는 근대 어린이관을 만들었습니다. 그러나 역사는 순탄하지만은 않습니다. 역사는 늘 앞으로 곧게 나아가는 것이 아니라 거꾸로 흐르는 흐름에 저항하기도 하면서, 시민들이 사람답게 행복하게 살기 위한 운동을 폭넓

게 펼치는 속에서 참답게 흘러가는 것입니다

루소가 근대 어린이관을 연 것 같았지만, 이도 거꾸로 흐르는 역사의 물길에 부딪쳤습니다. 1799년에 발견한 '아베롱의 야생아'는 백치설(유전자 결정설, 피넬)과 환경설이 불꽃을 터뜨린 사례입니다. (아베롱의 야생아 : 1799년 프랑스 파리 아베롱의 숲 속에서 열한두 살로 보이는 벌거벗은 야생아가 발견되었다. 발견 당시 아이는 네 발로 기며, 말을 전혀 하지 못하는 백치 상태였다. 옮긴이) 젊은 의학도 이타르는 정열과 실천으로 백치설을 부정했습니다. 또, '야생아'를 낳은 가난한 사회 현실은 아이들이 살아가는 것을 위협했고, 아이들은 이 속에서 제대로 보호받고 교육 받지 못했습니다. 결국 당시 사회 상황은 교육이 아이들의 가능성을 열어 줄 수 있다는 이론을 받아들일 수 없었습니다.

엥겔스가 《영국 노동 계급의 상태》(1845)에서 말하고 있듯이, 착취와 억압으로 이루어진 사회 현실은 적자생존의 논리만을 앞세워 아이들의 권리를 정치와 사회에서 배척했습니다. 정치가들은 이러한 자본주의의 정치, 경제 정책을 거리낌 없이 펴기 위해 자기네만이 우수한 존재라는 근거를 찾으려고 온 힘을 기울였습니다. 루소가 주장한 사상을 가장 거스르는 흐름은 이렇게 국가에서 내세운 정책에서 나옵니다. 그 실마리는 영국의 골턴에게서 찾을 수 있습니다.

골턴은 '대영 제국은 우수한 겨레여서 번영했고, 그 자손을 남겨야 겨레가 번영한다.'는 국책에 따라 세운 런던 대학에서 우생학 강좌를 하는데, 골턴이 가장 먼저 연구한 것은 가계사입니다. 골턴은 마치 유전이 모든 것을 결정하는 것처럼 《유전성의 천재와 그 법칙》(1869),《재능의 연구》(1883)를 발표했습니다. 이 생각은 뒷날 전쟁 정책과 연결되어 집단 지능 검사를 개발하는 사상을 낳습니다. 이 연구는 그 본질이 폭로되고 권리 사상이 발전하면서 사라지는 듯하였습니다. 그러나 흐리터분한 폭주설('유전도 환경도', 슈테른 글)에 빌붙어 지금도 뿌리 깊게 남아 있다는 사실을 알아야 합니다.

과학에 바탕을 둔 어린이관의 확립

오늘날 어린이관이 확립된 것은 민주주의를 바탕으로 한 인권 사상이 높아지고, 과학이 발전하면서 교육 실천이 쌓였기 때문이라 할 수 있습니다. 그 가운데서도 의학, 교육학, 심리학, 복지학 같은 학문의 성과를 종합해서 받아들이려 하는 연구가 발전하고 있어 부모들은 힘을 많이 얻고 있습니다. 어린이의 생명이 진실로 빛나는 시대가 오고 있다는 뜻입니다.

● 어린이는 사람으로 살아갈 권리가 있다.

● 어린이는 보호받아야 하는 존재다.

● 어린이는 끝없이 발달할 수 있는 존재다.

● 어린이는 보육과 교육을 받을 수 있는 권리가 보장되어야만 발달할 수 있다.

● 어린이는 평화를 사랑하고 행복하게 살아가는 힘을 갖출 수 있도록 인격을 완성한다는 교육 목표 속에서 발달할 수 있다.

이러한 어린이관을 세우는 데 이바지한 선구자들과, 그 지혜를 사회 차원에서 계승하여 발전시킨 선배들을 잊을 수 없습니다. 그 가운데 한 사람인 마르크스는 《자본론》에서 이렇게 말하고 있습니다.

"사람은 노동으로 자신을 둘러싸고 있는 자연과 서로 교류하면서 자연을 바꾸어 내고, 자기 자신 속에 있는 자연 다시 말하면 천성을 바꾸어 낸다. 사람은 자신의 자연 속에서 잠자고 있는 힘을 드러내고, 자신이 뜻하는 대로 모든 힘을 끌어갈 수 있다."

이 힘을 떠받치는 기둥이야말로 대뇌의 가능성입니다. 파블로프 (1849~1936)는 이 사실을 과학에 바탕을 두고 풀어헤치는 실마리를 마련했습니다. 그리고 비고츠키(1896~1934)는 파블로프가 연구한 성과

를 발달학에 끌어 왔습니다. 비고츠키는《정신 발달의 이론》에서 다음과
같이 말했습니다.

"사람이 동물과 다르게 행동하는 까닭은 사람의 뇌가 개의 뇌보다 뛰
어나게 차원 높기 때문이다. 이렇게 차원 높은 신경 활동은 사람을 다
른 동물과 날카롭게 나누는 것으로 그치지 않는다. 무엇보다도 사람
의 뇌는 사회에서 존재하는 사람의 뇌이며, 차원 높은 신경 활동은 사
람의 인격 속에서 나타나고 작용한다."

이러한 과정을 거쳐 우리는 다음과 같은 견해를 이끌어 냈습니다.

"사람에게 유전되는 소질과 타고나는 소질은 모두 발달할 수 있는 소
질일 뿐이며, 이미 만들어진 특징이나 특성은 아니다."('소비에트 심리
학의 50년', 스미르노프 글,《소비에트 심리학 연구》)

이렇게 과학에 바탕을 둔 견해는 포르트만이 주장한 '생리적 조산설
(1944)'에서 사람이 되는 생물체가 개체 발생을 할 때 나타나는 특징으
로 확인되었습니다.

루소에서 시작한 가능성 논의는 오늘날 의심할 수 없는 사실로 밝혀
졌습니다. 오늘날 우리는 어린이들에게 숨어 있는 이 가능성을 진정으
로 실현할 수 있는 사회 조건을 마련해야 합니다. 어린이들이 복지 혜택
을 누리고, 교육을 풍요롭게 받을 수 있도록 하기 위하여 힘을 모아야
합니다. 이것은 과거 역사에서 배우는 것이며, 전쟁 정책에 반대하는 것
이며, 평화를 사랑하고 민주주의를 지키고 생활을 지키는 것이며, 국민
이 복지와 교육에 거는 바람을 실현시킬 수 있는 사회와 정치 조건을 만
드는 것입니다. 어린이를 지키는 일은 사람이 사람답게 살 수 있는 사회
와 국가를 만드는 일과 맥을 같이하고 있습니다. 오늘날 일본의 사회 정
치 상황은 이 일을 급하게 처리해야 할 상황으로 받아들이고 있습니다.
어린이를 지키는 운동이 폭을 넓혀 가야만 과학에 바탕을 둔 어린이관
이 세워질 수 있습니다.

어린이 권리와 그 보장

어린이 권리의 특징

어린이는 사회가 보호해야 할 존재입니다. 건강하게 자라고, 사람다운 생활을 해 나갈 수 있는 기본 능력을 익히고, 풍부한 문화를 창조하는 미래의 일꾼으로 자라야만 합니다. 다시 말하면 어린이는 발달할 수 있는 사람입니다. 그러므로 어린이의 권리는 어린이 스스로 요구하거나 행사한다는 성격보다 어린이에 대한 어른의 의무라는 성격을 띠고 있습니다. 그 주요 내용을 봅시다.

건강하게 태어나고 자랄 권리 | 사람이 사람답게 성장, 발달해 가려면 가장 먼저 배아기와 태아기를 포함한 생명을 지키고, 건강하게 자라야 합니다.

어린이 헌장에는 "어린이는 몸과 마음이 건강하게 태어나고 자랄 수 있어야 한다."고 정확하게 쓰여 있습니다. 또 어린이 복지법 제 1조에는 "모든 국민은 어린이가 몸과 마음이 건강하게 태어나고 자랄 수 있게 해 줘야 한다.", 제 2조에는 "국가와 지방 공공 단체는 어린이를 보호하는 자로서 어린이의 몸과 마음을 튼튼하게 키워야 할 책임이 있다."고 규정하고 있습니다. 이와 같이 국가나 지방 자치 단체는 교사와 부모들이 어린이가 노력하여 풍성한 인격을 갖출 수 있도록 격려하고, 열매를 잘 맺을 수 있도록 여러 조건을 갖추어 나가야 합니다.

국가나 지방 자치 단체는 부모가 생활이 어려워 어린이의 목숨을 끊는 일이 없게 해야 합니다. 또 어린이를 제대로 놀게 하여 근육의 힘을 길러 주어야 하며, 지식 중심으로 엘리트 교육을 하여 몸이 약해지게 해서도 안 되며, 지나치게 일을 하게 해서도 안 됩니다. 모성을 보호해서 조산하지 않도록 해야 하며, 오염된 공기나 약물이 태아에게 영향을 미치지 않도록 해야 하며, 어린이 천식 같은 새로운 질병과 장애가 생기지 않도록 온갖 노력을 기울여야 합니다.

어린이 권리 선언 제 4조에는 "어린이는 사회 보장 혜택을 받을 권리가 있다. 어린이는 건강하게 자라고, 성장할 권리가 있다."고 뚜렷하게 밝히고, 이것을 보장하기 위해서 출산 전후에 있는 어머니와 어린이를 제대로 보살피는 것은 물론 보호하고, 영양을 섭취하게 하고, 놀이, 의료 시설을 마련해야 한다고 규정하고 있습니다.

이 권리의 핵심은 공해가 발생하지 않도록 법적 규제를 강화하고, 산모가 출산 휴가를 제대로 쓸 수 있고, 어린이 검진을 충실히 할 수 있도록 정책을 실현하는 것입니다.

보살핌과 교육을 받을 권리 | 어린이 인권의 중심은 어린이가 풍요롭게 성장, 발달하도록 하는 데 있습니다. 이것은 그냥 내버려 두면 이루어지지 않습니다. 이를 위해서는 계획하고, 계통을 밟아 교육해야 합니다.

어린이 복지법 제 4조는 "보호자가 일이나 병 때문에 어린이를 제대로 보호하지 못할 때는 시장이나 군수 같은 지방 자치 단체장이 그 어린이를 어린이집에 맡기고, 보호해야 한다."고 규정하고 있습니다. 유아기에는 생활 습관을 익히고, 집단 속에서 이야기를 나누고 함께 놀면서 인격을 풍성하게 갖추어 갑니다. 그렇기 때문에 오늘날에는 어머니가 집안에서 아이들과 함께 하는 것만으로 아이들 인격이 갖추어진다고 보지 않습니다. 아이들은 형제나 동무가 없는 경우가 많고, 부모들은 부모들대로 아이를 키우면서 불안해하고, 또 나아가 아이들과 온전하게 마음을 나눌 수 없기 때문에 오로지 집안에서만 아이를 키우기는 아주 어렵습니다.

아이들에게 모두 똑같은 권리를 보장해 주려면 교육 기본법에 따라 교육권과 마찬가지로 어린이를 더 많이 돌보고 키워야 하며, 다른 것들도 권리 내용에 맞게 맞춰 가야 합니다.

어린이 권리를 보장하기 위하여

'어린이집이 충실해지면 어린이를 돌보지 않고 내버려 두는 부모가 늘어난다.' 이렇게 비난하는 소리가 높아지고 있습니다. 부모들은 생계를 위해 일해야만 하기 때문에 아이를 보살피고 키우는 데 소홀해질 수밖에 없어서 늘 죄의식을 느끼는데도 그렇습니다.

또 '태어나는 아이가 줄어들면서 어린이집의 정원이 줄어들었다.'는 이유를 들어 어린이집을 세울 보조금을 깎아 내리고, 어린이집을 세우지 않으려고 하고 있습니다. 《1958년 청소년 백서》를 보면 확실히 아이들이 여섯 살 무렵부터 어린이집에 많이 다니지 않습니다. 그러나 정원이 줄어드는 까닭은 태어나는 아이가 줄어들어서가 아니라 보육 행정은 국민이 보육에 거는 바람을 채워 주지 못하고, 수익자 부담주의 재정 정책으로 보육료가 비싸기 때문입니다. 또 한 살, 두 살, 세 살 어린이가 어린이집에 다니는 비율은 수십 퍼센트밖에 안 되어 일을 계속 해야 하는 부모 처지에서는 곤란한 상황입니다.

한 세대 전만 해도 한 집에서 또는 한 지역에서 노동, 생산, 소비하는 모든 과정을 어린이 앞에서 처리할 수 있었지만 오늘날은 그렇지 못합니다. 집집마다 비싼 집세를 내고, 빚을 갚기 위하여 부모는 밖으로 일하러 나가야만 합니다. 생활이 고달프고 주거 환경이 나쁘면 아이를 키우기가 더 불안합니다. 이런 상황에서 이제 '누구나 안심하고 아이를 낳고 키우면서 일할 수' 있으면 하고 절실하게 바라고 있습니다. 그렇기 때문에 '우체통만큼 많은 어린이집을' '산후 조리 어린이집을' 같은 요구는 어머니가 일할 권리를 보장하라는 주장만이 아니라, 일하는 부모가 아이를 제대로 키우고 싶다는 바람을 나타내는 것이기도 합니다.

생활을 위해서 일을 계속 하고 싶다는 바람과, 아이를 풍요롭게 키우고 싶다는 바람은 여러 곡절을 겪으며 발전하고 있습니다.

어머니가 오로지 집안일을 하고 아이를 키우는 데 매달리거나, 아버지가 집안일을 나눠 한다고 해서 아이의 앞날이 밝아지지는 않습니다. 혼자서 고민해야 하는 어머니들이 이런 문제를 결코 쉽게 해결할 수 없습니다. 오히려 같은 고민을 하는 사람들끼리 모여 함께 생각하고 힘을 모아야 새로운 방법을 찾아 낼 수 있습니다. 모순투성이인 오늘날의 사회 구조는 한 사람이 고민하는 것을 모두 함께 해결하고, 한 사람이 기뻐하는 것을 모두 함께 나눈다는 새로운 보육관을 낳았습니다. 어린이집에서는 집안에서 제대로 하기 힘든 일들을 할 수 있습니다. 그렇기 때문에 어린이집은 단순히 아이들을 맡기는 곳이 아니라, 보육 내용을 충실하게 해서 아이가 제대로 발달할 수 있는 곳이 되려고 애써 왔습니다.

공동 어린이집 만들기 운동은 보육의 창조 가능성을 가르치고 있습니다. 산후 조리를 하고 나서 아기를 어떤 조건 속에서 키워야 하는지 고민하면서 부모와 교사들이 내용을 쌓아올리고, 이를 돕는 의사, 연구자, 전문가들이 실천하면서 어린이 권리를 어떻게 보장해야 하는지 보여 주었습니다. 이들은 시설 보육은 호스피털리즘(아이들이 제대로 자극을 받지 못하고 자랄 때 나타나는 발달 지체. 옮긴이)을 낳는다는 생각도 잘못되었다며 그 근거를 뒤흔들고 있습니다. 호스피털리즘은 정부가 어린이집에서 하는 보육 활동을 부정하고, 한정된 것이라고 주장하려고 펼친 '어머니여, 집안으로 돌아가라.'는 노동 정책과 같은 줄기에 있습니다. 그러나 그 뒤 공립 어린이집에서 한 살 어린이 보육을 폭넓게 연구하고 실천하면서 어린이집에서 정원이 차지 않는 조건을 개선하고, 어린이를 제대로 잘 돌보면 호스피털리즘은 해결된다는 새로운 관점을 열었습니다. 그러나 여전히 집단 보육을 부정하는 일부 연구자들은 호스피털리즘을 계속 주장하고 있습니다.

앞서 나가는 보육을 실천하면서 한 살, 두 살 어린이도 엄마가 아닌 교사와 같이 또래 집단과 관계를 맺으면서 관계를 맺는 대상이 넓어지고, 사물을 바라보는 성향도 높아진다는 견해도 나오고 있습니다. 어린이집에서 집단 보육을 하면 장점이 많다는 사실이 뚜렷하게 드러나고 있습니다. 그리고 유아 보육이 어린이 발달 연구에서 한 부분으로 자리잡기 시작했다는 사실도 알아야 합니다. 무조건 집단이냐 집안이냐 하고 생각하는 것이 아니라, '어른이 웃는 얼굴이 어린이가 자랄 때 어떻게 영향을 미치는지, 어떤 조건 속에서 아이의 웃는 얼굴이 사회화된 웃음으로 발전하는지, 낯가림하기 시작할 때 어린이집에 보낸다면 어떻게 배려해야 하는지' 같은 새로운 연구를 하고 있습니다.

지금 정부에서는 사회 복지가 발전하여 재정 위기가 왔다고 선전하면서 사회 보장 제도의 법 정신을 모두 다시 검토하려 하고 있습니다. 이것은 '스스로 노력하고, 서로 도와야 한다.'는 것을 강조하면서 공공 책임에서 벗어나려는 것입니다. 이런 상황에서 교사는 아이를 키울 때 필요한 것들을 모으고, 보육을 권리로 생각하도록 하기 위해 앞장서고 있습니다. 교사는 아이들 행동에서 아이들이 진정으로 바라는 것을 읽어 내는 보호자가 되어, 부모와 지역 주민들과 함께 지역에서 운영하는 어린이집과 공동 보육을 만들어 내는 운동을 해야 합니다. 그리고 아이를 제대로 키우기 위해서 부모가 책임을 져야 합니다. 이렇게 책임을 지면 집에서 생활을 이어나갈 수 있는 확실한 바탕이 마련됩니다. 그렇게 하려면 건강해야 하고, 일이 있어야 하고, 경제가 뒷받침되어야 합니다. 일을 더 많이 시키고, 저임금에 모성 보호 규정을 없애면서 노동자를 공격하려는 제도들을 이겨 내고, 일하는 어머니의 권리를 확대하고 보육 행정을 발전시킨다는 목표를 세워 운동을 폭넓게 펼쳐 가야 합니다.

어린이 발달과 교육의 관계

어린이 발달과 교육에 대한 관점

교육은 어린이가 발달하는 데 어떤 힘이 될까요?

비고츠키는 《사고와 언어》에서 교육과 발달의 관계를 받아들이는 관점을 크게 세 가지로 나눴습니다. 그것을 여기에 소개해 보겠습니다.

첫 번째는 '교육은 발달을 뒤좇아간다.' 는 관점입니다. 이것은 어린이의 발달 과정과 교육 과정을 완전히 독립된 것이라고 보는 견해입니다. 그리고 발달을 '성숙' 으로 규정하고, 교육은 발달의 성과를 이용하는 것일 뿐이라고 보는 견해입니다. 이는 발달의 '성숙설' 에 바탕을 두고 나온 생각이라고 할 수 있습니다. 이렇게 되면 보육과 교육은 어린이의 발달에 아무것도 이바지할 수 없습니다. 사람은 교육 받지 못하면 사람다운 사람으로 자랄 수 없다는 것은 인도에서 발견한, 늑대가 키운 아이 '아말라와 카말라' 를 보면 알 수 있습니다.(《늑대가 키운 아이》, A. 게젤글) 그러나 이 이론에도 진리는 담겨 있습니다. 이렇게 말할 수 있는 것은 어린이의 발달에 일정한 전제가 있어야 교육을 할 수 있기 때문입니다. 이렇게 교육에서 전제가 되는 발달의 힘을 '준비도' 라고 합니다. 예를 들면, 아이에게 어휘력이 어느 정도 있어야 글을 가르칠 수 있습니다. 글을 가르치려면 아이가 어느 정도 어휘력이 있고, 음절 분해를 확실히 할 수 있어야 합니다. 준비도라고 하는 것은 그러한 전제가 되는 능력을 기르는 것을 말합니다.

교육과 발달에 관한 두 번째 관점은 '교육은 발달이다.' 고 보는 견해입니다. 교육과 발달은 함께 진행되는 것으로, 어린이는 교육 받은 만큼 발달한다고 생각하는 것입니다. 그 바탕이 되는 발달관은 '환경설' 이라고 할 수 있습니다. 이것은 첫 번째 관점보다 보육과 교육이 하는 일을 중요하게 생각하는 관점으로 어느 정도 진보되긴 했지만 과학에 바탕을 둔 이론이라고는 할 수 없습니다. 왜냐하면 앞서 말한 준비도를 완전히 배제하고 있기 때문입니다.

세 번째 관점은 '발달과 교육을 구별하면서 서로 관계된 것을 찾는다.' 는 견해입니다. 이 관점은 교육이 발달을 뒤좇아가면서도 발달과 하나 되어 보조를 맞추기도 하고, 발달에 앞서서 발달을 드높이고 발달에 새로운 형식을 불러일으킬 수도 있다고 봅니다. 그렇기 때문에 어린이는 교육 받은 만큼 발달하는 것이 아니고, 교육 받은 것보다 더 많이 발달할 수 있다고 봅니다. 세 번째 관점은 어린이의 발달 과정에서 교육이 아주 큰 몫을 한다고 받아들이고 있습니다.

어린이를 키우면서 어린이의 발달을 평가하고 분석할 때는 세 번째 관점을 이해하고 새겨 두어야 합니다. 늘 어린이가 어떤 활동 속에서 어떻게 바뀌었는가를 살피는 것이 중요합니다.

근접 발달 영역
그러면 앞에서 세 번째로 말한, 발달과 교육의 관계를 찾는 관점을 좀 더 자세히 살펴보고, 발달과 교육 사이에 있는 일반 관계를 설명해 보겠습니다.

비고츠키는 어린이의 발달 과제를 뚜렷이 하고 교육과 보육 문제를 설정할 때는 어린이 발달의 두 가지 수준을 확실히 해야만 한다고 주장합니다. 한 가지는 '어린이의 현재 발달 수준' 입니다. 이는 어린이가 스스로 활동하면서 문제를 해결할 수 있는 수준, 다시 말하면 '어린이가 혼자서 할 수 있는 것' 을 파악하는 것입니다. 또 한 가지는 '어른이 도와 줘야 문제를 해결할 수 있는 수준' 입니다. '어린이 혼자서는 할 수 없지만 어른이 도와 주면 할 수 있는 것' 입니다. 이 두 가지 발달 수준의 차이를 '근접 발달 영역' 이라고 하며, 교육 활동은 여기에 주안점을 둬야 합니다.

비고츠키는 "어린이는 오늘 어른이 도와 줘서 할 수 있는 것을 내일이 되면 스스로 할 수 있다."고 말합니다. 중요한 것은 어린이가 지녔으면 하는 능력 가운데 지금은 혼자 할 수 없지만 어른이 도와 주면 할 수 있는 것을 지도하고, 머지않아 어린이 혼자 할 수 있도록 해 주는 것입니다. 물론 어린이가 집단에서 받는 영향도 가볍게 여길 수 없습니다. 어린이는 집단에서 배운 힘을 응용해 더욱더 풍성하게 활동해 나가고, 어른들이 기대하는 것보다 더 많은 능력을 익힐 수 있습니다. 그러므로 '교육에서 한 발 앞으로 나아간 어린이는 발달에서 두 발 앞으로 나아간다.'고 할 수도 있습니다. 교육은 발달에 앞서 움직일 때도 있고, 발달을 뒤쫓아갈 때도 있습니다. 보통 많이 쓰는 '발달 단계'에 속한 지도라는 것은 '근접 발달 영역'에 작용하는 것으로 이해하면 됩니다.

발달을 이끄는 어린이 활동

보육과 교육은 목적을 세우고 어른이 아이에게 다가가는 활동입니다. 그렇기 때문에 멀리 앞을 내다보고 추진해야 합니다. 어린이들에게 지금 어떤 능력을 지니게 해야 할지, 그렇게 하기 위해서는 어린이 활동을 어떻게 만들어 가야 할지 계획을 세워야 합니다. 이 때 새겨 둬야 할 것이 있습니다. 보육과 교육에서 가장 중요한 것은 '무엇을 가르칠까.'가 아니라, '어린이가 어떤 활동을 할 수 있게 할 것인가.'입니다. 어린이는 단순히 가르치면 발달하는 존재가 아니라 스스로 활동하면서 발달하는 존재입니다. 엘코닌이 《소비에트 어린이 심리학》에서 말한 데에 따르면 어린이 발달에서 원동력이라 할 수 있는 발달 과정을 떠받치고 있는

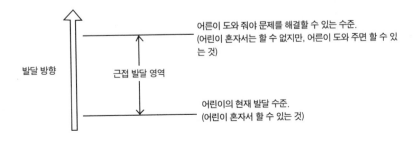

발달 방향　근접 발달 영역

어른이 도와 줘야 문제를 해결할 수 있는 수준.
(어린이 혼자서는 할 수 없지만, 어린이 도와 주면 할 수 있는 것)

어린이의 현재 발달 수준.
(어린이 혼자서 할 수 있는 것)

근본 힘은 '어린이가 자기 안의 모순을 이겨 내려고 스스로 애쓰는 활동'이기 때문입니다.

발달을 한 마디로 정의하면 '모순을 이겨 내고 자신이 어떤 제약에서 벗어나는 과정'이라고 야가와 도쿠미쓰는 《마르크스주의 교육학 시론》과 《교육이란 무엇인가》에서 주장했습니다. 갓난아기가 목이 마르다고 합시다. 아이는 아직 물잔에 물을 따라 마실 수는 없습니다. 아이가 바라는 것과 능력 사이에는 큰 모순이 있습니다. 갓난아기는 처음에는 어른이 도와 줘야 자기가 바라는 것을 할 수 있습니다. 어른이 물잔을 대주어도 스스로 물잔에 손을 대고 마시려고 노력합니다. 그리고 점점 자기 혼자서 물잔에 물을 따라 마실 수 있습니다. 모순을 이겨 내고 물을 마실 수 없다고 하는 제약에서 스스로 벗어나는 것입니다. 이처럼 어린이가 어른에게 기대면서도 스스로 모순을 넘어서려고 애쓰는 활동이 그 발달을 뒷받침하는 것입니다. 레온테프는 이 '활동'은 그 동기와 목적이 같은 것으로 단순한 '행동'하고는 뚜렷하게 구별된다고 했습니다. 보육에서 어린이가 발달할 수 있게 하는 핵심은 이러한 어린이의 활동을 풍성하게 끌어 내는 것입니다. 어린이가 스스로 하려고 하는 활동을 보육으로 끌어 낼 수 있을 때 어린이는 비로소 잘 발달할 수 있습니다.

하지만 앞서 말한 것처럼 '발달의 원동력'이란 어린이 자신이 자기 안에 있는 모순을 넘어서려고 노력하는, '스스로 하는 활동'입니다. 그렇기 때문에 어린이가 모순이 전혀 없는 상태가 되면 '발달의 원동력' 즉 어린이의 활동을 이끌어 낼 수 없습니다. 지나치게 보호하는 문제가 여기에 걸려 있습니다. 어른들이 어린이가 바라는 것을 미리 알아차리고 모두 해결해 버리면 어린이 안에서 뜻이 있던 모순이 사라져 버립니다. 이럴 때 어린이는 늘 남에게 기대고, 활동하려는 마음이 약해집니다. 어린이를 키우는 어른은 어린이가 스스로 활동할 수 있게 늘 생각하면서 어린이가 활동할 수 있도록 힘을 이끌어 내야 합니다. 그리고 어린이가 혼자서 문제를 해결해 나가는 것을 지켜보면서, 때에 따라서는 어린이의 능력에 맞게 도와 주면서 모순을 넘어서도록 해야 합니다.

그러나 어린이집에서 어린이를 키우는 것은 단순히 어린이 집단이 있다는 데 뜻이 있지 않습니다. 거기에 전문 교사가 있어서 알맞은 지도를 해야 뜻이 있습니다. 어린이는 집단 속에서 어른한테 지도를 받으면서 활동하고 싶어하는 마음이 샘솟고, 스스로 양과 질에서 모두 풍성하게 활동할 수 있어야 발달할 수 있습니다.

어린이 발달에서 어린이집은 단순히 어머니가 직장에 다닐 수 있게 해 주는 곳이 아니라, 나라의 앞날을 짊어질 어린이가 발달할 수 있게 하는 사회 기관이라고 할 수 있습니다. 그래서 그 곳에서 일하는 교사도 교육자의 전문 역량을 잘 갖추어야 합니다.

교사, 부모, 연구자 들이 쓴 어린이집 실천 기록

한 살, 우리 아이 어떻게 키울까?

2007년 7월 12일 1판 1쇄 펴냄 | 2020년 10월 14일 1판 4쇄 펴냄 |

글쓴이 오사카보육연구소 | **옮긴이** 이학선 | **표지 그림** 이태수 | **편집** 신옥희, 심명숙, 한유경 | **교열 교정** 이송희 | **디자인** 비마인 | **제작** 심준엽 | **영업** 안명선, 양병희, 원숙영, 조현정 | **잡지 영업** 이옥한, 정영지 | **새사업팀** 조서연 | **대외 협력** 신종호, 조병범 | **경영 지원** 임혜정, 한선희 | **인쇄** (주)천일문화사 | **펴낸이** 유문숙 | **펴낸 곳** (주)도서출판 보리 | **출판 등록** 1991년 8월 6일 제 9-279호 | **주소** (10881) 경기도 파주시 직지길 492 | **전화** (031)955-3535 | **전송** (031)955-3533 | **홈페이지** www.boribook.com | **전자 우편** bori@boribook.com

ISBN 978-89-8428-438-8 04370
　　　978-89-8428-444-9 (전 6권)

이 도서의 국립중앙도서관 출판예정도서목록(CIP)은 서지정보유통지원시스템 홈페이지(http://seoji.nl.go.kr)와 국가자료공동목록시스템(http://www.nl.go.kr/kolisnet)에서 이용하실 수 있습니다. (CIP 제어번호 : CIP 2007001857)